Hay pocas personas que nos hayan impactado e inspirado a Bobbie y a mí más que los pastores Casey y Wendry Treat. Su visión valiente, su innovación y su implacable fe en el potencial de otros me han hecho ser un mejor líder, y su amistad y lealtad a lo largo de muchos años nos han hecho ser mejores personas. Las historias personales de Casey y Wendy son un testimonio del poder transformador de Jesucristo y de la gracia y bondad que nos extiende a todos cuando nacemos de nuevo. Su longevidad en el ministerio y su capacidad para adaptarse a las cambiantes etapas de la vida y el liderazgo son el fundamento perfecto desde el que enseñar acerca del poder de una mente renovada.

—**Brian Houston**, Fundador global y pastor
principal de la iglesia Hillsong

Considero a Casey una autoridad en la enseñanza sobre renovar la mente. Tiene un testimonio asombroso, y creo que serás muy alentado por este libro.

—**Joseph Prince**, Pastor principal de la iglesia New Creation

Le digo a la gente por dondequiera que voy, porque es totalmente cierto, que después de la Biblia, el libro que más ha influenciado mi caminar cristiano más que cualquier otro es *Renueva tu mente*. Leerlo cambió toda la trayectoria de mi vida. Quizá Dios podía haberlo hecho de otra forma, pero honestamente no sé si yo estaría haciendo lo que hago hoy si no hubiera leído *Renueva tu mente* en 1992. Cambió mi vida de una manera total y radical, y me dio esperanza por primera vez.

—**Christine Caine**, Fundadora de A21

# Renovando la Mente 2.0

# Casey & Wendy Treat

# Renovando laMente 2.0

**Con La Gracia De Dios, Tu Puedes Cambiar**

WINTERS
PUBLISHING GROUP

Renueva tu mente 2.0: Con la gracia de Dios, tú puedes cambiar
ISBN: 9781947426924

Publicado por: Winters Publishing, LLC
2448 E. 81st St., Suite #4802; Tulsa, Oklahoma 74137 USA

Diseño de cubierta por: Christian Faith Center

Las peticiones de información deberían dirigirse a:
Casey Treat Ministries
P.O. Box 98800
Seattle, WA 98198
1-800-644-4446
www.caseytreat.com

# DEDICATORIA

Wendy y yo quisiéramos dedicar este libro a tres hombres que han cambiado nuestras vidas.

Julius Young me guió a Jesús en 1976. Era un hombre de color de Washington, D.C., y una generación mayor que yo, pero se convirtió en mi padre espiritual y en nuestro mejor amigo. Fundó WDRC (Centro de Rehabilitación de Drogas de Washington) y fue el primer anciano de nuestra iglesia.

El Dr. Fred Price nos ordenó en el ministerio en 1980. Fue nuestro pastor y mentor para vivir nuestra fe en un entorno de iglesia práctico. Fred nos enseñó a usar nuestra fe y a creer cosas más grandes.

El Dr. David Yongi Cho llegó a Christian Faith Center a principios de la década de 1990. Él abrió nuestros ojos a visiones y sueños que hicieron crecer nuestra iglesia. Wendy y yo hicimos nuestros doctorados en Hansai University de manos del Dr. y la Sra. Cho. El Dr. Cho pastorea una de las iglesias más grandes del mundo y nos enseña aún hoy que podemos cambiar y que los sueños se pueden hacer realidad.

# ÍNDICE

# INTRODUCCIÓN

## De Casey

A la mayoría nos gusta una buena aventura. Muchas personas sueñan con poder viajar cuando tengan tiempo para hacerlo. Hay algo romántico, emocionante e inspirador en ir a lugares en los que nunca hemos estado. Tenemos canales de viajes, revistas de viajes y libros de viajes; tenemos agencias de viajes y toda una industria de servicios de viajes. Viajar no siempre es fácil o cómodo, pero es una de esas cosas que la mayoría deseamos experimentar. Viajar tiene mucho que ver con la imaginación, la visión y la esperanza de cosas buenas que viviremos en nuestro viaje. Hacemos nuestros planes, buscamos en las páginas web que ofrecen nuestros destinos, y soñamos con cómo será cuando lleguemos a ese lugar. Es la esperanza, la emoción y la novedad lo que nos atrae a viajar. Una visión de lugares maravillosos y aventuras nos inspira a ir.

Creo que tu esperanza y visión de cosas nuevas en tu vida están a punto de llevarte a un viaje único a través de este libro. Tú y yo iremos juntos a sitios nuevos mientras pasamos por el proceso de cambio y renovación. Pasaremos algunas horas compartiendo pensamientos y sentimientos, y haciendo algunos cambios en nuestras vidas. ¿Por qué estás leyendo este libro? ¿O cualquier libro? Probablemente porque crees que si obtienes una nueva idea, puedes ir a nuevos sitios en tu vida. Si estás pensando y creyendo mejor, las cosas que te rodean mejorarán. Esta es la esperanza que nos mantiene leyendo, buscando y creyendo que hay cosas nuevas para nuestra vida. Esta esperanza nos mantiene en nuestro viaje. Es esta esperanza lo que nos hace a todos intentar aprender y hacer cambios. Mientras viajamos juntos por las siguientes páginas, tu esperanza se verá recompensada, y cosas nuevas comenzarán a nacer en tu vida.

¿Es posible que una persona se críe en unas condiciones sociales y económicas insanas y aun así llegue a un lugar mejor en la vida? ¿Puede alguien que solo ha vivido el divorcio y la disfunción en la familia formar un matrimonio y una familia que duren toda una vida? ¿Cuál es el futuro para alguien que ha estado controlado por las adicciones (comida, alcohol, drogas) durante años y años? ¿Existe alguna probabilidad de cambio para estas vidas? ¿O el futuro de todas las personas se decide en su nacimiento y somos lo que somos? ¿Tenemos algo que decir al escribir nuestra historia? ¿Qué ocurriría si pudieras cambiar tus circunstancias y escribir un nuevo capítulo en la historia de tu vida? ¿Lo harías si pudieras?

Yo creo que puedes cambiar. Tu historia no ha terminado aún, pero si hay una chispa de esperanza y deseo en tu corazón, te esperarán cosas nuevas. Es mi oración que mientras lees estas páginas, encuentres las creencias, pensamientos y acciones prácticas que necesites para experimentar cambio en tu vida. Dios te dará la gracia para cambiar y serás renovado en tu corazón.

Una vez leí una introducción de un autor que decía: "Me disculpo por la longitud de este libro. No tenía el tiempo necesario para hacerlo más corto". Su punto era que es más fácil seguir hablando o escribiendo pero no llegar nunca al grano y decir lo que hay que decir. Se requiere más disciplina y enfoque para decir y hacer las cosas que realmente importan. En las siguientes páginas espero ser breve, ir al grano y decir cosas que puedan producir un cambio en tu vida.

Wendy ha sido mi novia, mi mejor amiga y esposa durante la mayor parte de mi viaje de renovación. Nos conocimos cuando yo hacía tan solo un año que había sido salvo. Ella estará añadiendo pensamientos y verdades que traerán renovación a tu vida. Ella tiene una perspectiva distinta a la mía, y nos ayudará mucho en nuestro viaje hacia la gracia de Dios que produce el cambio.

# De Wendy

Al principio de nuestro caminar juntos como cristianos, Casey y yo nos vimos ante el reto de la maravillosa revelación de renovar nuestra mente, de tener los pensamientos de Dios en lugar de nuestras creencias negativas, derrotistas, del tipo *tú nunca ganarás*. De inmediato se lo empezamos a contar a todo el que nos escuchaba, empezando por nuestro grupo de jóvenes del instituto, a varios grupos pequeños de la iglesia, y después cuando comenzamos a pastorear. Poco después, Casey escribió su primer libro acerca de la renovación de la mente.

Ahora, tras haber sido bendecidos con la oportunidad e ir y declarar la Palabra de Dios por todo el mundo, nos han contado testimonio de cómo ese libro, y su revelación, lo cambió todo en las vidas de personas. Estamos emocionados de poder traer *Renueva tu mente 2.0*, con nuestras contrastadas experiencias de la vida, de una forma fresca y llena de gracia para hoy. Al recibir este mensaje, puedes tener algo distinto en tu vida. Puedes caminar por un nuevo camino; puedes tener un matrimonio mejor; puedes ser un mejor padre o madre; puedes ser un gran amigo; puedes ser una persona más feliz y satisfecha. Hace años dijimos: "Yo creo que tú puedes", y hoy decimos: "Sabemos que tú puedes".

Este no es un libro acerca de tus obras. No te daremos un programa de 21 días y te diremos que te convertirás en *alguien totalmente nuevo*. En su lugar, te mostraremos cómo aplicar los principios que se encuentran en la Palabra de Dios para ayudarte en tu camino hacia la renovación. Es mi oración que captes el espíritu subyacente de este mensaje: *la renovación viene por la gracia de Dios y no por nuestras propias fuerzas.*

Espero que recibas inspiración y motivación al permitir que el poder de la gracia de Dios te lleve por un nuevo camino en tu vida. Mientras lees, me gustaría animarte a detenerte de vez en cuando y decir: "Dios Padre, por tu gracia, ayúdame a ver y hacer esas cosas que me acercarán más a tu voluntad. No puedo hacerlo por mí mismo, pero con tu ayuda, todo lo puedo". Aferrándote fuertemente a la mano de nuestro Dios Todopoderoso serás capaz de vencer cualquier barrera y vencer cualquier desafío y momento imposible que estés afrontando. Ninguno de nosotros puede hacerlo solo, pero con la gracia de Dios podemos vencer y tener la vida que deseamos.

# UNO

*Y él te concederá las peticiones de tu corazón.*

—Salmo 37:4

## El deseo de cambiar

Mi vida durante los primeros veinte años parece ser un sueño sobre alguien a quien yo conocía pero que no puedo recordar con claridad. Recuerdo cómo vivía, lo que sentía y cómo luchaba, pero parece que fuera la vida de otra persona. Me sentía raro, fuera de lugar e incapaz de hacer las cosas que harían que mi vida fuera mejor. Recuerdo menospreciarme y sentirme tan atado a mis problemas, que regularmente pensaba en acabar con mi vida. Intentaba medicar mi dolor con todo tipo de drogas y alcohol: legales e ilegales. ¿Realmente ese era yo, o era otra persona? Quizá mi vida fue tan solo una película que vi o un sueño que tuve, porque mi vida hoy es muy distinta a la del pasado.

En la actualidad soy esposo, padre, pastor y persona exitosa en muchos aspectos. La vida es divertida y plena, y a los sesenta años de edad mi futuro es brillante. Estoy viviendo el sueño de muchas formas y sigo soñando con que vendrán grandes cosas. Compartir cómo pasé de esa "otra vida" a la que tengo hoy es el mensaje central de este libro. Mi oración es que si puedes ver y creer el cambio que se produjo en mi vida, puedes verlo y creerlo también para ti mismo y las circunstancias de tu vida. Tú no eres una víctima de algún plan predestinado para mantenerte desanimado. Puedes elevarte a un nuevo lugar en la vida y experimentar la vida abundante que Dios vino a darte. También tú puedes cambiar.

Mirando atrás a mi "otra vida", un evento parece definir gran parte de donde yo estaba. Era un típico día en el estado de Washington: gris, frío y húmedo. No llovía con mucha fuerza, solo una constante llovizna que mantenía todo verde y el terreno empapado. Había estado en Federal Way, donde vivían la mayoría de mis conexiones de la droga, y donde normalmente pasaba el tiempo con mis amigos y medicaba mi dolor. No tener mucho que hacer ni sitios donde ir hace que la gente quiera otro trago, o chute, o calada, o lo que sea que te haga olvidarte de todo. Yo podía y debería haber estado emocionado por mi futuro y haber tenido esperanza, pero no existía nada de eso en mí; y donde no hay visión, el pueblo perece. En vez de prepararme para la universidad y emocionarme con una futura carrera, intentaba evitar la realidad de mi vida. Estaba pasando otra tarde pereciendo en mi falta de visión y mi deseo de continuar insensible.

Poco después de haber oscurecido, en ese momento la hora era irrelevante, decidí dirigirme a casa. Era un viaje de 45 minutos de regreso a Spanaway, que está situado al sur de Tacoma, WA. Tenía que recorrer unas dieciocho millas (30 kilómetros) de autopista y después unas pocas millas más por caminos rurales. Había realizado ese trecho cientos de veces, pero recuerdo pensar que realmente tenía que prestar atención para llegar a casa. Repasé el plan en mi mente: *Siéntate derecho, no sobrepases el límite de velocidad de 55 millas, mantente en el carril y dirígete a casa.* Lo estaba haciendo bien mientras iba al sur por la I-5, por debajo del límite de velocidad, centrado en el carril y pensando que todo iba bien. Justo al norte de Tacoma, la autopista hace una curva muy amplia desde el sur hacia el suroeste y continúa atravesando la ciudad, pasando el Tacoma Dome. Estaba siendo extra cauteloso al acercarme a la curva, vigilando mi velocidad y manteniéndome en mi carril.

No estoy seguro de cuánto tiempo pasó hasta despertar por las luces que centelleaban y una voz que se oía muy alta por un megáfono. Revisé mi velocidad, y era 55. Miré a mi alrededor y no veía nada extraño. ¿Por qué me indicaban que me detuviera? No estaba superando el límite de velocidad. ¡No podían detenerme! ¡No tenía licencia! La había perdido hacía un tiempo, tras unos cuantos accidentes, multas y controles de alcoholemia. Tenía droga en el automóvil y un arma debajo de mi asiento. *Oh no, no puede ser.* Seguía mirando a mi alrededor, intentando descifrar por qué me seguía el policía. ¿Acaso me conocía? ¿Me habría reconocido o me tendrían en la mira por mis anteriores arrestos?

Finalmente me di cuenta de que ya no estaba en la autopista. De hecho, llevaba bastante tiempo fuera de la carretera. Estaba atascado en el barro entre los carriles norte y sur de la I-5. Estaba de barro hasta los ejes del automóvil, y las ruedas traseras del Mustang estaban girando a 55 millas por hora. El velocímetro decía 55 porque las ruedas aún giraban a esa velocidad, pero el automóvil no se movía. Las ruedas de atrás estaban salpicando barro, y el automóvil estaba cubierto de barro. Las ruedas extra anchas Mickey Thompson de las que estaba tan orgulloso lanzaban agua y barro por todas partes.

El policía ni siquiera quería acercarse a ese lío. Se quedó sentado en su vehículo y gritaba por su megáfono, intentando despertarme. Yo no estaba totalmente dormido, pero tampoco era consciente del todo. Operaba hasta cierto grado, pero no estaba en contacto con la realidad. Cuando finalmente me di cuenta de lo que estaba sucediendo, apagué el motor y me preparé para otro viaje a la cárcel. Ya conocía la rutina. Me esposarían en el asiento posterior del vehículo de policía, mientras ellos registraban mi auto y encontraban las drogas, una pistola y quién sabe qué más. Después me llevarían a la cárcel de Pierce County. Yo estaba consciente a ratos durante todo ese proceso, y me desperté a la mañana siguiente en una celda de la cárcel. ¿Cómo pude permitir que eso me sucediera otra vez? Estaba intentando con gran empeño mantenerme equilibrado y no meterme en problemas. Realmente quería llegar a casa sin tener otro incidente.

Mirando atrás ahora, me pregunto cuántas personas están atascadas entre los carriles de la vida, girando sus ruedas y pensando que están avanzando. Al igual que yo, intentan no meterse en problemas pero siguen terminando en divorcio, bancarrota, adicciones, enfermedad, etc. Quizá este libro es la voz que grita desde el otro vehículo, intentando ayudarles a volver de nuevo a la carretera, a ir más allá de medicar el dolor y llegar al destino que Dios tiene para ellos. En vez de intentar sobrevivir y pasar por esta vida, tenemos que realizar algunos buenos cambios.

Recuerdo que tenía muchas ganas de cambiar, pero me sentía atascado en circunstancias negativas y seguía con los mismos hábitos una y otra vez. Estar enojado o desanimado con mi situación no me facilitaba mucho cambiar. Aún seguía ahí. A muchas personas no les gusta el lugar donde se encuentran pero no tienen capacidad para conducirse hasta un nuevo lugar en la vida.

Cuando era adolescente, los juzgados hacían su mejor esfuerzo por mantenerme fuera de la cárcel, pero yo no se lo ponía fácil. El oficial que supervisaba mi libertad condicional me envió a varios consejeros y me exigió que consiguiera un empleo. Imagino que la idea era mantenerme ocupado, y quizá ver si maduraba y me hacía responsable. El problema era que en cada trabajo y cita de consejería a la que iba me encontraba con personas como yo. Terminábamos compartiendo drogas y medicando juntos el dolor de nuestras vidas. Dios los cría, y ellos se juntan, ¿verdad?

Un empleo que tuve fue lavando platos en Denny's. Me ofrecieron un poco más de dinero por hacer el turno de noche, así que trabajaba de 11:00 de la noche a 7:00 de la mañana lavando, limpiando y cuidando del restaurante con otros cuantos empleados. Había estrellado algunos autos y había perdido mi licencia de conducción, así que una mañana temprano mientras caminaba de regreso a casa, pensé que un poco de droga haría que la caminata fuera un poco mejor. Tomé algunas cosas, no recuerdo qué, y comencé mi viaje de unas cuantas millas. Mientras caminaba, me di cuenta de que iba más cargado de lo que pensaba y comencé a tambalearme. Probablemente debido a la falta de sueño, el turno de noche no es bueno para las personas indisciplinadas, y también por el acúmulo de drogas en mi cuerpo comencé a dar tumbos junto a la carretera. Finalmente perdí la conciencia, me salí dando tumbos del arcén, y me caí en una zanja.

Había mucho tráfico por las mañanas, y alguien de la "multitud que iba a trabajar" llamó a la policía. Les dijeron que habían visto a un muchacho adolescente de cabello largo y pelirrojo dar tumbos y caer en una zanja. No estoy seguro de cuánto tiempo estuve allí tumbado, porque no me desperté hasta estar en la cárcel. La policía me contó solo parte de las circunstancias de cómo me encontraron, y el oficial a cargo de mi libertad condicional me contó el resto de la historia. No hace falta que diga que nadie estaba contento conmigo. Perdí mi empleo, mis padres estaban desesperados, y los juzgados estaban listos para encerrarme unos cuantos años.

¿Cómo volví de nuevo a ese lugar? No fueron solamente las drogas; fue el hecho de ser muy infeliz, de no tener visión y sentir que no tenía esperanza para el futuro. Millones de personas en América y en todo el mundo luchan con un sentimiento de poca o ninguna esperanza para el mañana. No ven salida a su mal matrimonio, a empleos que no les gustan, y a circunstancias en las que se sienten atrapados.

Tener un matrimonio feliz, una familia gratificante y una carrera exitosa parece algo imposible para las personas que son como yo era. Al igual que a mí me pasaba, van a trabajar pero siguen luchando con su vida. Caminan a su casa cada día, pero no esperan nada más; después se caen en la zanja de la relaciones negativas o los problemas personales y se despiertan en algún lugar en el que no quieren estar. ¿Cuántos se despiertan en un matrimonio o trabajo que no les gusta, o quizá se quedan embarazadas o se meten en una adicción, y se preguntan: ¿Cómo llegué hasta aquí, y cómo salgo de esto?

Yo no tenía idea de que Dios estaba escuchando las oraciones de mi abuelita Roxie, e incluso en medio de mi dolor, Él tenía un plan para mi vida. Si los ángeles podían mantenerme vivo el tiempo necesario, había un futuro brillante para mí. El hecho es que Dios tiene un plan maravilloso para cada persona en este mundo. Tan solo intentamos encontrarlo para poder comenzar a vivirlo. Su gracia está obrando en nosotros mucho más de lo que pensamos.

Muchos han trabajado mucho durante toda su vida para al final darse cuenta de que no son felices en su matrimonio, que están preocupados por el dinero y luchando por encontrar gozo en su vida. Recientemente trabajé con varias familias cuyos hijos adultos habían perdido sus matrimonios. Algunos habían perdido a sus hijos debido a la depresión, adicción y colapsos nerviosos. Se despertaron en las "zanjas de la vida", sin saber a dónde ir. Mateo 15:14 dice: "y si el ciego guiare al ciego, ambos caerán en el hoyo". Yo he experimentado esta verdad de manera personal y literal.

Una última historia servirá para poder ilustrar cómo era la vida que yo llevaba antes de encontrar la vida que Dios tenía para mí. No recuerdo dónde había estado ese día, pero la historia era la misma de la mayoría de los días. Había consumido drogas y conducía a casa de mi madre en un auto que me habían prestado. Estacioné el auto y me bajé, esperando entrar en la casa y en mi cuarto sin que mi madre notase nada raro. Intenté caminar erguido y parecer contento al entrar por la puerta. Dije: "Hola, mamá". Intercambiamos unas palabras, como de costumbre, y me dirigí a mi cuarto para esconderme del mundo. ¡Había podido llegar a casa sano y cabal!

Pocos minutos después, mamá abrió la puerta, entró, y me preguntó qué me pasaba. Antes de poder decir: "Nada", o cualquier otro invento, me dijo: "Ven aquí". Fui tras ella, subiendo las escaleras hasta la ventana de la cocina, y allí me señaló al auto que había traído a casa. Un pequeño problema: no estaba donde yo lo había estacionado. Había cruzado el jardín y se había empotrado contra la valla. No estoy seguro de cuánto tiempo había estado ahí, pero estaba gastando un depósito de gasolina y empujando la valla de nuestro jardín. Mamá dijo: "¿Qué sucede contigo?".

No tuve respuesta alguna para mi mamá ese día; realmente no sabía qué pasaba conmigo. ¿Ni siquiera podía detener un auto, estacionarlo bien y sacar la llave? ¿Estaba tan mal que ni siquiera podía operar en el mundo real? Estaba avergonzado, deprimido y con una vida derrotada; quizá sería mejor que me muriera. Si había un Dios, Él lo entendería, ¿verdad? Mamá llamó a mi oficial de libertad condicional, y supe que una nueva ronda de problemas estaba a punto de comenzar. No es que me importase, porque mi vida no podía empeorar más.

Poco me imaginaba yo que ese episodio sería el comienzo de mi salvación. Dios había estado preparándome durante todo el tiempo. A través de todas las malas decisiones que yo había tomado, la gracia de Dios estaba obrando para darme nuevas oportunidades. El oficial de mi condicional llegó a mi casa y nos dijo a mis padres y a mí que si le decía al juez que había vuelto a violar la condicional otra vez, la sentencia ya estaba lista para que yo entrara en prisión. La única alternativa era ingresar en un centro de rehabilitación. Esas eran mis dos únicas opciones: ingresar un año en un centro de rehabilitación o la cárcel. Me parecía el peor día de mi vida pero, en verdad, fue el primer día de mi vida. Todo estaba a punto de cambiar. Todas las cosas que pensaba que eran imposibles para una persona como yo estaban a punto de suceder. En mi punto más bajo, comencé a mirar hacia arriba. La gracia te lleva de lo peor a lo primero.

Me senté en el vestíbulo del Centro de Rehabilitación de Drogas de Washington, esperando ver qué me sucedería ahora. Tenía miedo y estaba nervioso, pero a la vez emocionado y contento. Sabía que no podía seguir por el camino que llevaba, así que quizá ahora podría hacer algún cambio. No tenía ni idea de lo grande que sería el cambio. Finalmente pasé por una difícil entrevista, donde pedí ayuda y tuve que convencer al equipo de que verdaderamente quería cambiar. Después abandoné todo lo que tenía y me comprometí a seguir las reglas durante el próximo año. Al final del primer día, ¡me preguntaba si quizá debería haber tomado la opción de la cárcel! Definitivamente, hubiera sido mucho más fácil.

Julius Young era el fundador y director del Centro de Rehabilitación de Drogas de Washington. Tenía cerca de sesenta años, y había pasado más de veinticuatro años en la cárcel. Tras haber sido liberado de la adicción a la heroína y otras cosas malas, se había hecho cristiano y ahora dedicaba su vida a ayudar a chicos como yo. En mi primera sesión de consejería en grupo, Julius me dijo algo que he guardado hasta el día de hoy. Dijo: "Gran pelirrojo, tú puedes cambiar". De algún modo, le creí. No dijo: "Será mejor que cambies", o "Tienes que cambiar". Dijo: "Tú PUEDES cambiar". Fue como si la libertad resonara en mi alma. No tenía que ser un adicto, o tener miedo o estar deprimido, ni querer suicidarme. Yo podía cambiar. Y cuando cambiara, cada parte de mi vida cambiaría también. Julius se convirtió en mi padre espiritual, y durante los años siguientes fue mi mentor y mi mejor amigo.

No tenía ni idea de que cinco años después de ese primer día, estaría casado con Wendy y seríamos pastores de una iglesia que se convertiría en una de las más grandes del noroeste del Pacífico. Ahora, más de cuarenta años después, sigo creciendo y renovándome. Estoy aprendiendo a ser un mejor cristiano, esposo, padre y abuelo. Las palabras que me dijo Julius: "Tú puedes cambiar", siguen fortaleciendo mi corazón y dándome esperanza para mi vida. Aún no he llegado, pero he recorrido un largo camino, y tú puedes hacer lo mismo. Solo por la gracia de Dios, cualquiera de nosotros tiene la oportunidad de ser transformado y de experimentar la vida abundante, esa vida que Jesús vino a darnos. Tú tienes la misma capacidad que yo para creer y ser transformado mediante la renovación de tu mente.

# DOS

*Transformaos por medio de la renovación de vuestro entendimiento.*
—Romanos 12:2

¿Estás conformado o transformado?

La idea de la transformación me resulta inspiradora. ¿Cómo se convierte una oruga en una hermosa mariposa? Es fascinante observar una de las metamorfosis más dramáticas de toda la creación de Dios, una larva, algo que repta por el suelo, cambia y se convierte en una de las criaturas más bellas, ¡una que puede volar!

Según el diccionario *Webster*, la palabra *transformar* significa "metamorfosear, transfigurar, convertir". Estas palabras están definidas para dar a entender: "cambiar a algo distinto, un cambio sustancial en forma, naturaleza o función; un cambio abrupto o asombroso inducido por o como si fuera por arte de magia o de un poder sobrenatural; un cambio que habilita algo para un uso nuevo o distinto".

Estas palabras contienen un poderoso significado para los que caminamos con Dios. Cuando entendemos cómo funciona la transformación, es fácil ver el plan de Dios. Su perfecta voluntad es cambiarnos de una forma a otra; de muerte a vida. Dios quiere cambiarnos de negativos a positivos, de ser una persona deprimida a otra llena de gozo, de enfermos a sanos, de secos económicamente a prósperos. Tu transformación comienza con la renovación de tu mente: cambiar un pensamiento por otro. La gracia de Dios en nuestra vida nos capacita para cambiar y renovarnos.

Mi transformación comenzó mientras vivía en el Centro de Rehabilitación de Drogas de Washington. Durante los dos años que estuve allí, mi vida cambió por completo. Pasé de ser un chico que no iba a ningún lado, a ayudante del director de WDRC. Me convertí en cristiano; fui a la iglesia e hice la oración de arrepentimiento la primera vez que asistí. Aunque abracé por completo mi nueva vida, en mi corazón realmente no creía que podría vivir así durante el resto de mi vida. No tenía mucha esperanza de que ese cambio sería duradero.

Mientras seguía estudiando la Palabra de Dios, me impresionó leer Romanos 12:2: "No os conforméis a este siglo, sino transformaos por medio de la renovación de vuestro entendimiento, para que comprobéis cuál sea la buena voluntad de Dios, agradable y perfecta". Este versículo se convirtió en la clave para mi nueva vida en Cristo. Vi lo que Dios quería en mi vida: ¡transformación! Eso no significaba que tenía que intentar poner parches a mi vieja vida esforzándome todo lo que pudiera; Él quería que fuera totalmente transformado, cambiado para siempre, de quien era en la actualidad a la persona que Él, y yo, quería que fuese. La gracia no solo cubre lo viejo, ¡sino que lo transforma!

Al comenzar el proceso de renovar mi mente, primero cambié un pensamiento, y después otro, y otro. Pasó el tiempo, y finalmente creé nuevas creencias y después una nueva vida. Llegué a creer que podía vivir una buena vida durante más de un día o un año; podría hacer eso cada día durante el resto de mi vida. ¡Sabía que podía ser transformado!

Hay muchas personas que nacen de nuevo. Van a la iglesia, oran y después luchan. No es tan fácil como pensaban que sería, y comienzan a pensar: *Bueno, eso no funcionó.* Se llenan de duda y frustración. Se dicen a sí mismos: *No lo entiendo. Oré, y sé que soy cristiano. He nacido de nuevo, pero ¡sigo siendo el mismo!* Es entonces cuando abandonan.

# Unas palabras de Wendy: Entender el proceso de cambio

Si el proceso de renovación te está resultando muy difícil, no pienses de inmediato que es porque algo anda mal. Quizá solo estás experimentando un periodo de crecimiento y los resultados de tomar decisiones difíciles. Cuando yo nací de nuevo, mi nuevo camino no parecía cómodo. Aún no tenía amigos, y estaba sola a causa de mi decisión de seguir a Cristo. Estaba en el proceso de cambio. Había dejado a mis antiguos amigos y me había mudado a otro lugar, comenzando una nueva vida.

En medio de tu cambio y renovación, no te enojes ni te frustres. A menudo, cuando estás pasando por un tiempo doloroso, es posible que quieras enojarte con las personas que te rodean. Me gusta recordarme a mí misma: *Probablemente no seas la única que está pasando por algo así ahora mismo.* Es fácil desanimarse con otros, pensar que no te ayudaron lo suficiente. Puede que sea cierto. Yo podría haber señalado a alguien y haber dicho: "Yo era una cristiana recién convertida, y nadie me llamó. Nadie me invitó a la iglesia. Nadie me hizo un seguimiento. Nadie se aseguró de que yo estuviera leyendo la Biblia o aprendiendo los principios de la Palabra de Dios".

Quizá fuera cierto que nadie me ayudó ni me vigiló, pero Dios lo hizo. Dios, en su gracia, me guió a donde Él quería que yo estuviera. Me dio dirección, se convirtió en mi amigo y mi consolador. Sería fácil mirar hacia atrás y señalar a las personas que no me ayudaron y enojarme con ellas, o puedo decir: "Gracias, Dios". Puedo estar agradecida por todo lo que Él hizo por mí. Aunque fue una de las épocas más difíciles de mi vida, también fue el mejor momento de mi vida. Cada decisión que tomé de ponerlo a Él en primer lugar en mi vida me aportó fortaleza. Cada lloro de soledad me acercó más a Él. Cada pregunta que tenía me ayudó a aprender a recibir mis respuestas de su Palabra. Su gracia estaba obrando en mí.

Cuando pases por un cambio que no entiendas, recuerda que Él está ahí contigo. Pasa el tiempo renovando tu mente en su Palabra, y deja que Él sea tu fuerza, tu consolador, y tu amigo.

¿Has pensado que la insatisfacción que sientes con lo negativo de tu vida podría ser Dios moviéndote hacia algo mejor? Ser infeliz o estar incómodo podría ser el comienzo del cambio para ti. Cuando acabas con el camino viejo, estás preparado para un camino nuevo. Cada pensamiento renovado es un paso hacia el cambio que tú y tu Padre Dios desean. A muchos nunca se nos dijo que confesar a Jesús como Señor es tan solo el *primer paso* para vivir como cristiano. Después de nacer de nuevo, tienes que dar el siguiente paso, que es ser transformado por la renovación de tu mente.

El plan de Dios era que vivieras una vida que refleje a Jesús en tu actitud, en tu espíritu, en tu corazón y en tu mente. Dios predestinó y estableció tu futuro para que incluyera el hecho de ser como Jesús. Nos llamamos cristianos porque tenemos que ser como Cristo. Muchas veces las personas se frustran y abandonan porque no entienden que la transformación conlleva un proceso. Quieren resultados instantáneos, pero la realidad es que su gracia nos lleva paso a paso a la nueva vida que Él ha planeado para nosotros.

Tuve que sonreír con el hombre que me contó que había escuchado el mensaje acerca de *renovar la mente* y quería decirme ¡que funcionó! ¡Fue renovado! ¡Estaba asombrado de lo fácil que fue! En caso de que tengas la impresión de que *ya has llegado*, estoy bastante seguro de que tu cónyuge te ayudará a entender con más claridad lo lejos que estás de la perfección. Tus mejores amigos y tus familiares rápidamente señalarán que *nadie* ha llegado. Todos somos una obra en progreso.

Mientras estamos de camino a ser como Jesús, todas nuestras experiencias son parte del proceso de modelación de quiénes somos. Todas nuestras circunstancias, las buenas, las malas, las fáciles y las difíciles, toda nuestra enseñanza y entrenamiento suman para llegar a ser aquellas personas en las que nos estamos convirtiendo. A través de todo ello, recuerda que el plan de Dios para ti es que llegues a ser como Jesús. No importa lo que sientas, Él nunca te deja ni te desampara.

Tú no estás predestinado para ser rico. No estás predestinado para ser feliz. No estás predestinado para cierta posición o título, pero estás predestinado para ser como Cristo. Obviamente, Dios quiere que prosperes y quiere que seas feliz. Él quiere que obtengas los deseos de tu corazón, lo cual está claramente definido en las Escrituras, pero su prioridad para ti es que llegues a ser como Jesús.

El dios de este mundo está siempre luchando por controlar tu mente. Su principal área de ataque contra ti está en tus pensamientos. Lo vimos con Adán y Eva, cómo el diablo se acercó a ellos solo con *un pensamiento*. Las repercusiones de ese pensamiento todavía las sentimos en la actualidad.

Vemos cómo el diablo intentó la misma táctica con Jesús cuando lo guió al desierto para ser tentado (Mateo 4:1-10). Jesús no estuvo exento de ser tentado por el diablo, y nosotros tampoco lo estamos. Él intentó hacer caer a Jesús, e intenta las mismas tácticas con nosotros hoy. El trabajo del diablo es tentarte haciendo que las cosas de este mundo parezcan atractivas. Lo hace plantando un pequeño pensamiento en tu mente, así como lo hizo con Adán y Eva. Aunque Adán y Eva cayeron, Jesús no. Sigamos su ejemplo. Él fue tentado, pero no sucumbió a la tentación. Él usó la Palabra de Dios para bloquear todo intento del diablo. Cuando Satán dijo: "Si eres el Hijo de Dios", Jesús dijo: "Escrito está". Él mantuvo sus pensamientos en los pensamientos de Dios.

El problema es que nosotros a menudo no reconocemos al tentador cuando llega. Nuestro mundo se ha convertido en un mercado de tentación. Desde la constante televisión, prensa, teléfonos inteligentes, Internet, Google y las redes sociales, a menudo se nos ofrece la tentación de forma regular. El bombardeo nunca termina, y se hace bien. Hay profesionales enteramente dedicados a estudiar cómo hacer que veas y compres sus programas, sus productos y su forma de vida.

Quizá un anunciante te diga: "¿Acaso nuestro producto no es maravilloso?". Pero tú debes creerlo, o de lo contrario no lo comprarás. Si se comprueba que la gente no está comprando su producto, un vendedor inteligente investigará cómo empaquetarlo de otra forma y comercializar de nuevo ese producto. Después de algunos anuncios en revistas, anuncios de televisión y radio, ese mismo producto conseguirá unos resultados totalmente distintos. ¿Qué ocurrió? Cambiaron tu mente. ¿Cómo pasó el mismo producto de ser un artículo sin atractivo a ser uno *imprescindible*? Cambiaron un pensamiento, y eso cambió lo que tú creíste. Inundaron tu mente con su manera de pensar, y de repente no recordabas por qué no te gustaba al principio.

Este mundo está bajo maldición, y los que aman el mundo están aceptando los pensamientos del mundo. Tú no serás transformado por la renovación de tu mente y podrás gustar la voluntad de Dios, buena, agradable y perfecta si te conformas a la manera de pensar de este mundo. ¿Cómo llegarás a la perfecta voluntad de Dios? Siendo diferente, siendo cambiado y siendo transformado mediante la renovación de tu mente con la Palabra de Dios. Es la única manera de ver un cambio real en tu vida. Puedes orar, leer, estudiar, formar relaciones, conseguir un nuevo trabajo e ir a la escuela, pero si no estás renovando tu mente, nunca avanzarás hacia la perfecta voluntad de Dios para tu vida.

Lo vemos todo el tiempo. Consigues un nuevo trabajo pero a la vez sigues con los mismos problemas de siempre. Te mudas a otra ciudad y llevas contigo los mismos problemas de siempre. Te divorcias, te vuelves a casar y son los mismos problemas de siempre. Es la misma historia de siempre porque, dondequiera que vayas, allí estás tú. A lo mejor dices: "Estoy empezando de nuevo. Voy a conseguir un nuevo trabajo. Voy a regresar a la escuela". De acuerdo, pero asegúrate de que eso incluya la renovación de tu mente, porque sigues siendo la misma persona. Si tomas tu viejo yo, terminas siendo la misma persona de siempre con los mismos problemas de siempre. ¿Por qué? Sigues teniendo contigo esa misma actitud de siempre, esa misma mentalidad y todas esas mismas creencias de siempre. Así que te ves atascado.

No solo estás atascado, sino que estás siendo conformado, moldeado o adaptado al mundo. Te estás alejando más de Dios. Tú no te das cuenta de ello, pero a medida que eres conformado a la forma de pensar del mundo, estás siendo menos como Jesús. Cuando eres *transformado por la renovación de tu mente,* te estás acercando a Dios; estás acercándote más a su voluntad buena, agradable y perfecta.

Recuerda que la palabra *transformación* significa *cambiar,* cambiar de una cosa a otra distinta. Eso es todo. Así de simple. La película *Transformers* nos da un gran ejemplo visual. Tienes un automóvil o un camión sencillo, y de repente comienza a cambiar. Es un auto recorriendo la carretera cuando todas las piezas comienzan a cambiar, y esas piezas comienzan a moverse, y en cuestión de segundos se ha convertido en una máquina enorme, feroz y de lucha. Ya no es un simple auto o camión, sino algo totalmente distinto. Se ha convertido en otra cosa diferente por completo. Eso es lo que Dios quiere hacer por ti y por mí: transformarnos. Su gracia no solo está cubriendo nuestras debilidades o problemas, sino que su gracia produce un cambio real y duradero.

¿Quieres ser más como Jesús? Yo diría que la mayoría de los cristianos nacidos de nuevo probablemente han deseado ser más como Jesús, pero no es un hecho que *llegarán a ser* más como Él. Es una decisión. Cada vez que fijas tu mente en las cosas de arriba, te estás acercando al hecho de ser más como tu Señor Jesús.

Por la gracia de Dios, puedes ser conformado a la imagen de Cristo. Deja que esta realidad se adentre en tu corazón. No pases deprisa por esta verdad, sino piensa en ella por un momento. Tu Padre Dios ha declarado que serás conformado a la imagen de Cristo. Serás como Cristo. No dice que algunos seremos conformados a la imagen de Cristo, ni dice que los realmente buenos o los que estudian y oran durante una hora diaria serán conformados a la imagen de Cristo. Dice que cada uno de nosotros, a quienes Él ha llamado como suyos, seremos transformados a su imagen.

¿Alguna vez has oído a alguien decir que cuando te conviertes en cristiano Dios lo arregla todo? Creo que en uno o en otro momento, todos hemos oído algo así. Tristemente, muchos creen que es cierto. Tú pensabas que cuando acudieras al Señor, le dieras tu vida a Cristo y nacieras de nuevo, todo cambiaría milagrosamente.

Hay predicadores que a menudo citan la Biblia, donde nos enseña: "De modo que si alguno está en Cristo, nueva criatura es; las cosas viejas pasaron; he aquí todas son hechas nuevas" (2 Corintios 5:17). Te dijeron que serías una persona totalmente nueva, que las cosas viejas pasarían y que todo se haría nuevo. A nivel espiritual, eso es totalmente cierto. Cuando naciste de nuevo, te convertiste en una nueva criatura en Cristo; sin embargo, aquí estás, en el mismo matrimonio de siempre, el mismo trabajo de siempre, las mismas finanzas de siempre, los mismos problemas de peso de siempre, el mismo problema de actitud de siempre, la misma depresión de siempre, la misma adicción de siempre, ¡de siempre, de siempre!

¿Qué sucedió? Puede ser que estuvieras en el comienzo de tu viaje con Dios o quizá que nunca hayas oído el mensaje de renovar tu mente. O quizá tú mismo te has engañado, posponiendo lo inevitable y orando que algún día Dios lo haga por ti. En cualquiera de estos casos, no caigas en el pensamiento que dice: "Cuando llegues al cielo, todo será diferente". Dios te está diciendo que te enfoques. Él quiere que pienses como Él, y al hacerlo, todo lo demás comenzará a cambiar en tu vida.

Según sigues creciendo y obteniendo nuevos pensamientos de Dios, esos pensamientos se convertirán en tus nuevas creencias, y comenzarás a creer: *Yo puedo ser cristiano*. Aceptarás la idea: *Dios está por mí*. Al continuar sembrando la Palabra de Dios en tu corazón y tu mente, comenzarás a creer: *Dios está de mi lado. Dios quiere que yo gane. ¡Le gusto a Dios!*

Su gracia está siempre contigo, haciéndote avanzar hacia su voluntad. Cuando lo crees y lo aceptas, se produce el cambio, se produce la renovación, y tu vida mejora. Ya no estás esperando un milagro o una renovación. No sucederá porque hay un nuevo presidente o un evento político. Verás la vida abundante de Dios cuando aceptes su gracia y dejes que el proceso de renovación actúe en tu corazón y en tu mente.

# TRES

*Porque cual es su pensamiento en su corazón, tal es él.*

—Proverbios 23:7

## Tu pensamiento determina tu estilo de vida

No hace mucho, un buen amigo mío me contó cómo pasó a estar divorciado, adicto a las drogas y con un diagnóstico de depresión maniaca. En su tiempo, había sido ministro cristiano y pastor con una maravillosa familia. Debido a una serie de malas decisiones, lo perdió todo. Se deprimió, se metió a consumir varias drogas, viviendo con alguien a quien realmente no conocía, y preguntándose qué le había ocurrido a su vida.

Un día, mientras buscaba a Dios, oyó este mensaje acerca de la renovación de la mente. Comenzó a tener control de sus pensamientos y enfocó su mente en una forma de pensar distinta. Día tras día trabajaba deliberadamente por fijar su mente en un nuevo pensamiento. Pensamientos como: *Puedo cambiar, Soy un hombre exitoso,* y *Dios tiene un buen plan para mí.* Su alma estaba siendo salvada. La gracia estaba obrando dentro de él.

En lugar de los pensamientos de odio hacia sí mismo o destructivos y de autoconmiseración que echaban la culpa a otros, mi amigo comenzó a ver la vida a través de una mentalidad diferente. Todo en su vida no cambió de la noche a la mañana, pero el cambio había comenzado. Cada vez que un viejo pensamiento venía a su mente, lo reemplazaba por un nuevo pensamiento. Cada nuevo pensamiento era un paso hacia su nueva vida. Al poco tiempo había regresado con su esposa y sus hijos. Regresó al ministerio, y hoy uno no sabría que él era una persona que lo había perdido todo, incluida su mente.

Como sucedió con mi amigo, tus pensamientos fijan el rumbo de tu vida. El lugar en el que fijas tu mente no solo es importante: es vital. Es el factor decisivo para el tipo de vida que llevarás. Adán y Eva aprendieron esta verdad en el huerto del Edén.

Muchos teólogos creen que Lucifer tenía pleno control sobre la tierra en algún momento (Isaías 14:12-17). Era el gobernante de este mundo, pero Dios lo apartó por el caos que había creado mediante su rebelión contra Dios, ya que se halló pecado en él. Cuando la serpiente, Lucifer, llegó al huerto del Edén, estaba intentando encontrar una manera de regresar al mundo que antes controlaba; planeaba recuperar su dominio sobre la tierra. Lucifer había sido expulsado y otro tenía este planeta, y su lugar. No solo eso, sino que esos humanos tenían algo más que el diablo no tenía; Adán y Eva fueron creados a imagen y semejanza de Dios.

Dios le dijo a Adán en Génesis 1:28: "Fructificad y multiplicaos; llenad la tierra, y sojuzgadla, y señoread en los peces del mar, en las aves de los cielos, y en todas las bestias que se mueven sobre la tierra". Dios entregó toda la autoridad de la tierra a Adán y Eva, y a través de ellos, a toda la humanidad.

En este momento, el diablo está intentando encontrar una manera de recuperar lo que había perdido. Se está preguntando: "¿Cómo consigo el acceso? ¿Cómo consigo el control? ¿Cómo puedo volver a estar donde quiero estar?". Su plan se revela cuando acude a Eva con un pensamiento en Génesis 3:1-5.

"Pero la serpiente era astuta, más que todos los animales del campo que Jehová Dios había hecho; la cual dijo a la mujer: ¿Conque Dios os ha dicho: No comáis de todo árbol del huerto?".

"Y la mujer respondió a la serpiente: Del fruto de los árboles del huerto podemos comer; pero del fruto del árbol que está en medio del huerto dijo Dios: No comeréis de él, ni le tocaréis, para que no muráis".

"Entonces la serpiente dijo a la mujer: No moriréis; sino que sabe Dios que el día que comáis de él, serán abiertos vuestros ojos, y seréis como Dios, sabiendo el bien y el mal".

La serpiente no se acercó a Eva con milagros o grandes promesas, sino con un sutil pensamiento. Plantó un pequeño pensamiento en la mente de Eva: *¿Conque Dios os ha dicho?* No sé durante cuánto tiempo actuó ese pensamiento en su mente, ya que la Biblia no lo dice. Aparentemente, la serpiente era muy astuta; plantó una pequeña duda con respecto a lo que Dios había dicho. Quién sabe durante cuánto tiempo Eva pensó en esa frase, pero finalmente le guió al árbol: el árbol del conocimiento del bien y del mal.

Quizá piensas que no pasa nada cuando el mundo pone un pensamiento sutil en tu mente. No es algo grave cuando vivir juntos sin estar casados se convierte en algo normal. No es grave cuando tu identidad sexual se cuestiona. No es grave cuando tienes preguntas o dudas con respecto a la Biblia. ¡No hay problema! Es tan solo un pensamiento.

¿Qué hizo la serpiente? Plantó un pequeño pensamiento en la mente de Eva. Solo un pequeño pensamiento. Después llevó otro pensamiento, y otro pequeño pensamiento, y Eva comenzó a mirar al árbol, y pensó: *Pues quizá Dios está intentando ocultarnos algo que nos haría parecernos más a Él.* La Biblia dice que cuando Eva miró al árbol, vio que era codiciable y que le haría ser sabia. Al mirarlo, pensaba en todo lo que ganaría.

Eva estaba hecha a imagen y semejanza de Dios; ya caminaba con Dios en el frescor del día. ¿Cuánto más sabio se puede ser? ¡Estás caminando con el Creador de todo el universo! Pero ella había aceptado el pensamiento de que Dios le estaba reteniendo algo, que estaba intentando esconderle algo. ¿No es interesante que Dios lo llamara el árbol del CONOCIMIENTO del bien y del mal? Dios quería que ellos entendieran el bien y el mal, pero no quería que obtuvieran ese conocimiento del mundo; quería que lo escucharan de Él.

Cuando Adán y Eva comieron del árbol del conocimiento del bien y del mal, escogieron una manera de pensar que no venía de Dios. Se rebelaron contra Dios. Querían hacerlo a su manera y escoger sus pensamientos en lugar de la instrucción que Dios les había dado.

El fundamento de toda rebelión es escoger pensar al margen de los pensamientos de Dios, conocidos en su Palabra. La rebelión de Lucifer le hizo perder su lugar como dirigente de la tierra. La rebelión de Adán y Eva les hizo perder su lugar con Dios y su lugar en su reino. Muchas personas hoy aman al Señor, pero escogen pensamientos que son contrarios a la Palabra de Dios. Prefieren una manera de pensar que no es bíblica, y eso se muestra en su vida, evidenciado en las luchas y los problemas que experimentan.

Según continúa la historia, enseguida Dios aparece caminando por el huerto, como solía hacer, y no pudo encontrar a Adán y Eva. Los llamó: "¿Dónde estás tú?".

Adán respondió: "Oí tu voz en el huerto, y tuve miedo, porque estaba desnudo; y me escondí" (Génesis 3:10).

Dios dice en Génesis 3:11: "¿Quién te enseñó que estabas desnudo? ¿Has comido del árbol de que yo te mandé no comieses?".

El Señor le dijo a Adán: "¿Quién te enseñó que estabas desnudo?". Recuerda: Dios nunca hace una pregunta porque no conozca la respuesta; Él hace una pregunta porque NOSOTROS no sabemos la respuesta. Cuando Dios le preguntó a Adán dónde estaba, quería que Adán se mirase a sí mismo; quería que Adán se diera cuenta: *Ayer, Dios, Eva y yo estábamos caminando por el huerto del Edén en el frescor del día. Hoy, Eva y yo estamos escondidos en los arbustos.* Ahora Dios le estaba preguntando: "¿Qué te ha ocurrido?".

¿Qué le estaba diciendo Dios a Adán? "¿De dónde sacaste esa idea?".

Escondido en los arbustos, Adán respondió: "Señor, tú sabes que estábamos un poco nerviosos porque nos dimos cuenta de que estábamos desnudos, así que estamos por aquí, entre los arbustos".

Dios dijo: "¿De dónde sacaste ese pensamiento? Ayer no pensabas eso".

Tú y yo tenemos que saber de dónde vienen nuestros pensamientos. ¿Recibiste ese pensamiento del Señor? ¿Vino de su Palabra o del mundo? Algunos de tus pensamientos vienen de tus fracasos y temores del pasado. Algunos pensamientos vienen directamente del espíritu de este mundo, de los medios de comunicación y de las personas negativas que nos rodean. Algunos pensamientos vienen de nuestra carne, o la vieja naturaleza.

Es asombroso cómo los niños pequeños tienen pensamientos y nos preguntamos: ¿De dónde sacaste ese pensamiento? Un niño pequeño, de unos dos años, cuatro años o cinco años, y comienza a mentir. El padre pregunta: "¿Has hecho tú eso?". ¡Su respuesta inmediata es no! ¿De dónde sacaron la idea de mentir a papá o a mamá? El proceso por el que pasamos hoy es el mismo por el que pasaron Adán y Eva en el huerto del Edén. Dios nos está diciendo lo mismo que le dijo a Adán: "¿De dónde viene tu pensamiento?".

De dónde sacaste esas ideas: *Me da miedo compartir. Me da miedo comprometerme. Me da miedo dar. Me da miedo amar.* ¿De dónde sacaste esos pensamientos? Quizá dices: "Saqué ese pensamiento de mi papá, que dejó a mi mamá. Lo saqué de mis padres, que sufrieron un desastroso divorcio. Obtuve mi manera de pensar de ver la serie *Friends* en la tele, las diez temporadas. Saqué mi pensamiento de la escuela secular; obtuve ese pensamiento de los periódicos. ¿De dónde sacaste ese pensamiento?

Si no logras identificar de dónde vienen tus pensamientos, quizá estás viviendo lejos de la gracia de Dios. Cuando no tienes un filtro en tu mente, eso hará que termines como Adán y Eva, tomando tus pensamientos del árbol del conocimiento del bien y del mal. En un sentido, terminarás viviendo fuera del huerto y perdiéndote la vida que Dios tiene para ti. No es que Dios esté en tu contra, pero cuando has escogido pensar de manera contraria a su manera de pensar, te quedas sin su bendición.

Hay una historia maravillosa en la Biblia en 2 Reyes, capítulo 5, acerca de un hombre llamado Naamán. Era el gran comandante del ejército del rey de Siria. Naamán no solo era un poderoso hombre de valor, sino que también era leproso. Un día, una joven israelita fue capturada y entregada a la esposa de Naamán como sirvienta. Esta chica judía le dijo a su ama: "Si rogase mi señor al profeta que está en Samaria, él lo sanaría de su lepra". Eso provocó un alboroto. El rey de Siria envió de inmediato a Naamán con una carta al rey de Israel, junto con plata, oro y unas cuantas mudas de ropa. Querían que el profeta lo sanara. Eso realmente puso al rey de Israel en el punto de mira. Sin presión, ¿cierto?

Cuando el profeta Eliseo se enteró de cómo el rey de Israel estaba reaccionando, dijo: "Venga ahora a mí, y sabrá que hay profeta en Israel". ¡Esta situación fue un incidente internacional! Se hablaba tanto de ello y se había convertido en algo tan grande, que Naamán de algún modo tuvo una idea de cómo se produciría exactamente su sanidad. Por desgracia para él, Eliseo había escuchado algo totalmente distinto de Dios, y en vez de hacer una gran producción de todo ello, Eliseo ni siquiera acudió personalmente a ver a Naamán. ¡Envió a un siervo en su lugar! Le dijo a su siervo que le dijera a Naamán: "Ve y lávate siete veces en el Jordán". ¡Qué anti-climático! Naamán se enfureció cuando el profeta no actuó según sus pensamientos acerca de lo que debía haber sucedido. Dijo: "He aquí yo decía para mí: Saldrá él luego, y estando en pie invocará el nombre de Jehová su Dios, y alzará su mano y tocará el lugar, y sanará la lepra" (2 Reyes 5:11).

Naamán tenía una *idea*. Él pensaba que Dios lo sanaría de cierta forma, y cuando eso no ocurrió, se enojó. Pensó que el profeta alzaría su mano sobre él y *puf*, la lepra se iría. En vez de eso, Dios le pidió que hiciera algo que Naamán consideraba una estupidez: "Ve y lávate siete veces en el río". Naamán casi se quedó sin su milagro, todo por un pensamiento.

He pasado más tiempo del que me gustaría admitir enojado con Dios, porque pensé que las cosas ocurrirían de cierta manera, en un cierto momento. Cuando no sucedieron a mi manera, me enojé y me frustré. También me desanimé y comencé a dudar. Tuve que detenerme y preguntarme: "¿De dónde saqué ese pensamiento?". Ciertamente no vino de la Biblia, y sin duda no vino del Espíritu Santo. Recibí ese pensamiento de mi propia carne; vino de mi propia actitud o del mundo que me rodea. Mi forma de pensar me estaba impidiendo caminar con Dios en el frescor del día. ¿Tienes un pensamiento que te esté impidiendo caminar con Dios? ¿Estás dolido o enojado, culpando a Dios? ¿Estás desanimado, dudando o temeroso? Los pensamientos negativos a menudo nos mantienen alejados de lo que más necesitamos: la gracia de Dios.

¿Alguna vez has pensado en el proceso de cómo tus pensamientos se convierten en tus creencias? La mayoría de nosotros no pensamos en el impacto de un solo pensamiento. Si llegamos a pensar en ello, es fácil catalogarlo como no importante. Creemos que un pensamiento solo en particular no importa, que no puede hacernos daño. No vemos cómo afecta a nuestra vida. Es tan solo un pensamiento.

Te enojas con tu esposa y piensas: *Tan solo está muy sensible. No lo entiende y nunca lo entenderá.* ¿Verdad? Solo un pequeño pensamiento. Te frustras con tu esposo, y piensas: *Nunca cambiará. Tengo que seguir a su lado solo porque es mi esposo.* No nos damos cuenta de la destrucción a largo plazo que producen estos pequeños pensamientos.

Un pequeño pensamiento es el comienzo de una creencia acerca de tu esposo o tu esposa. No ves lo que pasará más adelante, pero permitir que ese pequeño pensamiento se arraigue y crezca desarrolla una forma de pensar y de creer acerca de tu cónyuge. Solo se necesita un pequeño pensamiento para sembrar el caos en tu relación y llevarte a algún lugar al que nunca quisiste ir.

Lo mismo se aplica a tus hijos. Intentas educarlos enseñándoles ciertas pautas, que también son *pensamientos*. Les dices: "Usen buenos modales. Hablen amablemente. Miren a las personas a los ojos". Les estás dando pensamientos sencillos, los cuales se convertirán en su forma de creer, y en la forma en que se comportarán.

Quienes fueron criados por padres que les enseñaron y formaron para tener buenos modales, a menudo dicen: "Mis padres me enseñaron que…". Ni siquiera piensan conscientemente más en ello. Es simplemente la forma en que creen y lo que hacen, y se ha convertido en su estilo de vida. Los niños cuyos padres nunca les enseñaron modales apropiados, una buena ética laboral y el respeto por ellos mismos y por los demás, a menudo no saben lo que les falta. Su sistema de creencias no tiene nada bueno con lo que ayudarles en la vida.

El resultado de no tener buenos pensamientos sembrados en tu vida se convertirá en una falta de fuertes creencias y finalmente afectará a tu estilo de vida. Más adelante en la vida, cuando estás en tu segundo o tercer matrimonio, en medio de tu cuarta crisis de identidad, o en medio de un colapso económico, te preguntarás: ¿Por qué mi vida es tan difícil? No tienes los pensamientos que necesitas para sostener las creencias que te permitirán tener éxito en la vida.

Cuando te dices a ti mismo: "Este pensamiento no es importante", tan solo recuerda: un pensamiento que procesas continuamente se convierte en una creencia. Cuando te das el lujo de pensar: *Dios no sana a todos,* retienes ese pensamiento. Se convierte en parte de tu sistema de creencias; y cuando oyes a otro decirlo, instintivamente piensas: *Sí, yo también creo eso.*

Cuanto más aceptas un pensamiento como tuyo, más se convierte en tu manera de *creer.* ¿Por qué? Tuviste el pensamiento, lo mantuviste, lo endosaste, oíste que otros lo decían y ahora es tu manera de pensar, tu manera de creer. Tus *pensamientos* ahora se han convertido en *creencias* que son contrarias a las Escrituras. Piensas que eres creyente, que vives una vida cristiana, pero tienes muchas creencias que son contrarias a la Palabra de Dios. Al no entender el conflicto, te preguntas: ¿Por qué Dios no está haciendo más en mi vida?

# Unas palabras de Wendy: ¡Nosotros no nos enfermamos!

Cuando era joven, me perdí un día de clase porque estaba mala. Ese día en concreto, llegué a casa de la escuela temprano porque me dolía el estómago. Mi mamá me miró y me dijo: "Tu hermano y tu papá tampoco se sienten bien, así que ¿por qué no te sientas en el salón con ellos?". Una hora después vomité. Mi mamá dijo: "Bueno, seguro que ahora ya te encuentras mejor".

Mi mamá no me hizo mimitos ni me metió en la cama con un jugo y un caldo de pollo. No me prestaba mucha atención cuando no me sentía bien. Sé que quizá alguno se ofenda, pero ese era el espíritu en el que mi mamá dirigía nuestra casa. Ella creía esto: nosotros no nos enfermamos. Su creencia se convirtió en la mía.

Casey se crió en un hogar donde la enfermedad era una parte regular de la vida. Cuando nos casamos, si él se ponía malo, yo le decía: "Bueno, cariño, nosotros no nos enfermamos". No mostraba mucha compasión porque no creía en eso de enfermarse. En lugar de una mentalidad que aceptaba la enfermedad como una razón para darse un gusto y tomar medicinas, mi mamá había creado una mentalidad para mí y nuestra familia: *Nosotros no nos enfermamos.*

Cuando Casey y yo comenzamos a aprender lo que la Biblia tiene que decir sobre vivir en salud, nos dimos cuenta de que había mucho más que el modo en que nos habían educado a ambos. Las respuestas de mi mamá: "Nosotros no nos enfermamos" y la de su mamá: "Aquí tienes una medicina", no eran las únicas respuestas. Sabíamos que teníamos que crear una nueva manera de pensar sobre la salud en base a la Palabra de Dios. Cuando no nos sentíamos bien, comenzábamos a decir lo que dice la Biblia. Citábamos Isaías 53:5 (nuestra paráfrasis): "Por las llagas de Jesús soy sanado". Comenzamos a renovar nuestra mente en cuanto a las promesas de sanidad que se encuentran en la Palabra de Dios.

Todos tenemos áreas que necesitan renovación, así que si batallas con la enfermedad, esto no es un juicio. Yo recibí fortaleza de mis padres con respecto a no estar enferma. Casey y yo hemos tenido unas vidas saludables y hemos enseñado a nuestros hijos el mismo concepto: *Nosotros no nos enfermamos.* Aparte de eso, estoy hablando acerca del espíritu de tu mente, acerca de vivir como Dios quiere que vivas, con una forma distinta de pensar de la que tiene el mundo. Eso viene al creer lo que la Palabra de Dios tiene que decir con respecto a cada área de tu vida y a hacer de su Palabra *lo que tú crees.*

En Filipenses 4:8 Pablo dice: "todo lo que es verdadero, todo lo honesto, todo lo justo, todo lo puro, todo lo amable, todo lo que es de buen nombre; si hay virtud alguna, si algo digno de alabanza, en esto pensad". La *Nueva Versión Internacional* dice "Consideren bien". La *Nueva Traducción Viviente* dice: "Concéntrense".

Si quieres tener los pensamientos de Dios, debes fijar tu mente en cosas que sean verdaderas, honestas, justas, puras, amables, de buen nombre, virtuosas y dignas de alabanza. Enfócate, piensa y medita en estas cosas. ¿Cuántos de los programas de televisión de hoy se alinean con esta lista? ¿Cuántos de los programas de televisión que ves cada día reflejan cualidades verdaderas, honestas, justas, puras, amables, de buen nombre, virtuosas y dignas de alabanza? No muchos.

Además de lo que recibimos de nuestras redes sociales cada día, ¿de dónde más obtenemos nuestros pensamientos? Cuando estamos deprimidos o enojados; cuando nos frustramos o estamos llenos de dudas, ¿de dónde vienen esos pensamientos? Muchas veces nuestra propia conversación interna es destructiva; no está alineada con pensamientos puros, verdaderos, justos o amables. Podrían ser las cosas que otros nos dicen. Las palabras que nos dicen nuestro cónyuge, hijos, familiares, amigos o compañeros del trabajo quizá no estén alineadas con la visión que Dios tiene de quien Él nos llamó a ser. Sin *pensarlo* realmente, hemos permitido que esas palabras se conviertan en parte de quienes somos.

Gran parte de nuestro pensamiento no es verdadero, honesto, puro o amable, y sin embargo, la Biblia es clara: nos dice que *pensemos en esas cosas*. ¿Por qué? Si tú *estás* pensando en esas cosas, estás desarrollando creencias que te avanzarán en el plan de Dios para tu vida. Si *no estás* pensando en esas cosas, estás creando un sistema de pensamientos y creencias que te alejarán de Dios.

¿Alguna vez te has preguntado cómo una persona pudo servir en una iglesia y asistir fielmente durante veinte años, y después *de repente* alejarse de las cosas de Dios? Pensamientos. Sus pensamientos habían estado apilándose. Pensamientos negativos y pensamientos de insatisfacción y frustración se estaban acumulando, y entonces un día esos pensamientos se convirtieron en sus creencias. ¡BOOM! Sencillamente la persona se alejó de todo.

Cuando yo era joven, siempre íbamos a una gasolinera en concreto porque le daban a mi madre sellos verdes de *S y H*. Mi hermano y yo nos emocionábamos mucho con el viaje a la gasolinera. En cuanto sabíamos que íbamos a ir, buscábamos el libro de sellos de su caja y comenzábamos a mirar. Lamíamos los sellos para pegarlos en el libro, y gritábamos: "¡Cuatro páginas más! ¡Tres páginas más! ¡Solo dos páginas más!". ¿Qué era lo que nos emocionaba? En cuanto llenábamos el libro, sabíamos que podíamos canjearlo por alguna cosa buena. Nos emocionábamos con el nuevo tostador, o platos, o cualquier cosa que mamá quisiera del catálogo.

Tus pensamientos son como esos sellos verdes, ¡y estás llenando tu libro! Si tus pensamientos son negativos, estás llenando tu libro y acumulando para un ataque al corazón o una ruptura de relación. Estás *llenando las páginas* para obtener tu inminente crisis económica o colapso emocional, o cualquiera que sea el resultado de los pensamientos que continuamente reproduces en tu mente. Cuando miras tu vida, y *de repente* se produce un golpe, un desastre o un fracaso, ¿de dónde vino? ¿Se produjo de la nada? ¡No, has estado coleccionando sellos durante mucho tiempo! Cuando tus pensamientos son buenos y piadosos, estás llenando tu libro para obtener cosas buenas en el futuro. ¡La gracia está en tu vida y en tu futuro!

Recuerda que tus pensamientos se convierten en tus creencias, y tus creencias se convierten en tu estilo de vida. Lo vas a canjear tarde o temprano. ¿Cómo haces para mantener pensamientos buenos? Regresa a Filipenses 4:8: "Todo lo bueno, puro, amable… piensa en estas cosas". Comienza a decir:
 * *Este es el día que hizo el Señor*
 * *Gracias, Padre, por un gran día.*
 * *Jesús, tú sanas mis enfermedades y curas mis dolencias.*
 * *Gracias, Jesús, por amarme.*

Había una canción popular a principios de los años ochenta que cantábamos todo el tiempo, y de vez en cuando se me pasa por la mente en la actualidad. Dice así: "*Soy sano, y estoy completo, desde la coronilla hasta las plantas de mis pies y la punta de mis dedos. Primera de Pedro 2:24 dice que lo fui, y si lo fui, entonces lo soy. Soy sano, y estoy completo, desde la coronilla hasta las plantas de mis pies y la punta de mis dedos*".

Este tipo de pensamientos son los que forman creencias que te mantendrán vivo y saludable con el paso de los años. En cada ámbito de la vida tienes que mantener buenos pensamientos en la vanguardia de tu mente. Cuando pienses en tu cónyuge, fija tu mente en pensamientos como:
 * *Gracias, Dios, por darme un cónyuge maravilloso.*
 * *Gracias por tu presencia en nuestro matrimonio.*
 * *Gracias por guardar a mi esposa/esposa fuerte y saludable.*

*Gracias por mantener a mi cónyuge protegido y bien.*
*Gracias por dirigirle a su trabajo hoy.*

Esta clase de pensamientos es la que les permitirá ir tomados de la mano ¡cuando tengan noventa años! Podrán ir a caminar por el parque y hablar de sus bisnietos. Esta manera de pensar te dará una vida en la que tu familia querrá estar cerca. Irán a visitarte y querrán ser parte de tu vida. ¿Ves el cuadro que estoy dibujando?

¿Cuántas veces ha ocurrido algo en tu vida y pensaste para ti: *¡Sí, sabía que esto iba a suceder!* ¿Por qué? Tuviste un pensamiento, y se convirtió en tu manera de creer; después tu creencia se materializó. Tienes problemas en tu matrimonio y piensas: *Sí, lo sabía; te dije que este marido mío era muy terco. Te dije que mi esposa nunca lo entendió. ¡Te lo dije!* Por mucho que quieras negarlo, tus creencias crearon esas cosas en tu vida.

¿Qué tal si creyeras que tienes un ADN concreto o una composición física concreta y te fuera imposible vivir saludable y en forma? Crees que te resulta imposible controlar tu peso por tu ADN. Son tus hormonas. Tu mamá te dijo que eras igualita que ella y que su mamá. Todas las mujeres de tu familia tienen el mismo problema. Has aceptado el pensamiento, ya sea tu familia, tu herencia, tu ADN o tus hormonas, y comienzas a pensar que para ti es imposible cambiar ese aspecto de tu vida. Sencillamente así lo crees.

Después, como todos buscamos formas de respaldar lo que creemos, comienzas a leer al respecto. Comienzas a buscar en Internet, vas a Google, y entras en *WebMD*. Pides consejos a tus amigos y familiares. Todo y todos han apoyado la teoría de que nunca podrás estar sano y en forma. ¡Tú sabes que Google no se equivoca! ¡Ellos han confirmado lo que tú ya sabías! Se ha convertido en un hecho en tu mente, y lo crees.

En los próximos veinte años, sigues creyendo que no puedes estar sano. Debido a tu problema hormonal, tienes que lidiar con tu aumento de peso, el cual ha producido una subida de tensión. ¿Qué crees que va a suceder cuando tengas sesenta? ¿Qué crees que va a suceder cuando tengas ochenta? Probablemente no llegarás a los sesenta y cinco. ¿Por qué? ¡Creíste que no podías estar sano!

Una y otra vez, Jesús dijo a sus discípulos: "Lo que ustedes crean, eso acontecerá". ¿No es eso cierto? En Mateo 9:22 dijo: "Tu fe te ha salvado". Eso es lo que todos queremos tener en nuestra vida. Queremos que nuestra fe nos salve. El mismo principio también puede hacer que vengan a nuestras vidas las cosas que no queremos. Este principio es válido tanto para las cosas negativas como para las positivas. Cuando permitimos que pensamientos y creencias negativas entren en nuestro corazón y en nuestra mente, obtenemos esa cosa negativa. Tenemos *fe* en ello. Lo *creemos*. Cuando creemos en lo positivo, eso es también lo que tendremos.

Durante más de cuarenta años he estado diciendo esto:

*Si renuevas tu mente, ¡puedes renovar tu vida!*

*Si puedes cambiar un pensamiento, ¡puedes cambiar tu vida!*

Y me refiero a *cualquier* parte de tu vida. Tú puedes cambiar tu salud. Puedes cambiar tu economía. Puedes cambiar tus relaciones. Puedes cambiar tu aspecto; cómo te sientes, cómo te levantas por la mañana, y cómo afrontas cada desafío que encuentras. ¡Tú *puedes* cambiar!

# CUATRO

*Estás predestinado para ser como él.*

—Romanos 8:29

## Tu llamado más alto es ser como Jesús

Todo lo que hay dentro de mí dice: "Puedo cambiar, puedo ser mejor, puedo vencer lo negativo en mi vida", pero después me cuesta hacer que suceda. ¿Hay realmente una manera de cambiar y ver mejora en nuestra vida? Yo sí creo que la hay. Hace años comencé un viaje para cambiar radicalmente mi vida. Aunque sentía la frustración de ser infeliz conmigo mismo, aprendí que la frustración no producía cambio alguno. Yo he estado ahí. Tú has estado ahí. Todos nos hemos sentido atascados, sin que nos guste lo que hacemos pero haciendo lo mismo una y otra vez. Como un hámster en una rueda o quedar atrapado en un laberinto, nos esforzamos por ser libres pero sin embargo no llegamos nunca a alcanzar nuestra meta.

¿Cuántas veces te has oído a ti mismo o a alguien que conoces usar la frase: "Yo nací así"? Quizá te has oído decir: "Así soy yo". Aunque esa es la respuesta fácil para esas cosas que no sabes cómo abordar, ¿es la verdad? ¿Fuiste destinado para pasarlo mal, para no sobrepasar nunca tu actual nivel en la vida? ¿Estás permanentemente atascado en la vida que tienes ahora?

Tú y yo compartimos un deseo común. Queremos cambio en nuestra vida, y creo que eso es cierto en casi todas las personas. No importa qué clase o estatus tengas, o en qué lugar estés en tu vida, hay algo que quieres cambiar o mejorar. Hay pensamientos, emociones y conductas con las que no estás contento. Quieres que desaparezcan o cambien, pero como a todos nos pasa, no sabes bien cómo hacer que eso suceda. Aunque te dices: "Yo puedo cambiar", pasan los años y continúas en la misma rutina de siempre. El sueño americano dice: "Tú puedes llegar a tener éxito en la vida", pero muchas personas nunca lo logran. Incluso la Biblia dice que *puedes vestirte del nuevo hombre* (Efesios 4:24).

Con un sueño de algo más, muchos esperan que una fuerza exterior como el gobierno, un sindicato o su empresa mejoren su vida y produzcan un cambio en sus circunstancias. Algunos intentan encontrar su cambio en una pastilla, un programa de ejercicio o una nueva dieta alimenticia. Las promesas de programas, publirreportajes o políticos aportan una esperanza momentánea pero a menudo al final terminan fallando. Para los que confían en Dios, hay otra respuesta.

El cambio que anhelas se produce cuando tu mente es renovada conforme a la Palabra de Dios y los pensamientos de Dios. ¿Sabías que como cristiano nacido de nuevo estás predestinado a ser como Jesús? La Biblia dice en Romanos 8:29: "Porque a los que antes conoció, también los predestinó para que fuesen hechos conformes a la imagen de su Hijo, para que él sea el primogénito entre muchos hermanos". El plan de Dios para ti es que llegues a ser como Jesús. Si eres como Jesús, sucede que puedes tener una nueva manera de pensar y una nueva manera de vivir; *tú puedes cambiar.*

Cuando aceptaste a Jesús como tu Señor y Salvador, tu espíritu fue hecho totalmente nuevo; sin embargo, no sucedió lo mismo con tu *alma* (mente, emociones y voluntad) y con tu *cuerpo.* Esas áreas de tu vida están en el proceso de renovación que dura toda una vida. Tu alma es salva cuando renuevas tu mente con la Palabra de Dios. Tu cuerpo será salvo cuando el Señor vuelva, y en un abrir y cerrar de ojos serás cambiado. Tu cuerpo mortal se vestirá de inmortalidad, tu carne corruptible se vestirá de incorrupción, y resucitarás para encontrarte con Él en el aire (ver 1 Corintios 15:52-54).

La "salvación de tu alma" también se llama la renovación de tu mente. Cuando haces a Jesús tu Señor, la Biblia dice que eres salvo; naces de Dios y estás de camino al cielo. Este nacimiento se produce en tu espíritu y es eterno. A diferencia de tu renacimiento espiritual, la salvación de tu alma se produce en el ámbito de la mente. Sucede cuando intercambias tu pensamiento mundano por los pensamientos de Dios, y cambiar tu pensamiento cambiará literalmente tu manera de vivir. Santiago dice que la Palabra de Dios que recibimos es capaz de salvar nuestra alma (Santiago 1:21).

Todos tenemos cosas en nuestra vida que sabemos que deberíamos cambiar: cosas que deberíamos dejar de hacer, cosas que deberíamos comenzar a hacer, cosas que deberíamos hacer mejor o hacer más; cada uno de nosotros. Quizá pensemos que no podemos vencer nuestros problemas porque no estamos bien con Dios. Seguimos intentando mejorar volviendo a ser salvos una y otra vez. En algunas iglesias, puedes nacer de nuevo cada domingo; de hecho, el pastor lo fomenta. En lugar de volver a nacer de nuevo... de nuevo o volverte a consagrar semanalmente, tienes que creer que tu relación con Dios está eternamente segura.

La salvación es un regalo. No podemos ganar nuestra salvación de Dios, pero Él nos dice que tenemos que *ocuparnos en ella*. Pablo dijo a la iglesia en Filipo: "ocupaos en vuestra salvación con temor y temblor" (Filipenses 2:12). Me gusta cómo lo dice otra versión, al dar a entender la idea de que debemos ocuparnos, cultivar, cumplir el objetivo y terminar por completo nuestra propia salvación. Debemos *cultivar, cumplir el objetivo y terminar por completo nuestra salvación*. Está diciendo: "Tú eres cristiano, ahora vive tu vida cristiana". ¿Qué significa vivir plenamente esta vida cristiana? Creo que Pablo nos estaba diciendo: "No se conformen solo con ser salvos, limitándose a esperar hasta que lleguen al cielo para experimentar las bendiciones de Dios. Ocúpense en su salvación ahora, mientras están viviendo en la tierra. Su espíritu es salvo, nacido de Dios, ahora dejen que su alma sea salva".

Estoy seguro de que has tenido alguien en tu vida que te ha dicho que es cristiano, y tú pensaste: "¡Imposible!". ¿Cierto? No hablaba como un cristiano, no actuaba como un cristiano. Parecía ser siempre el que terminaba en cada desastre del mundo. Vivía como alguien del mundo, e incluso aunque decía que era cristiano, no podías diferenciarlo de alguien no cristiano. ¿A qué se debe esto? A que no se ha ocupado en su salvación. Solo mirándolo y observando cómo habla y cómo se comporta, no hay manera de saber si es o no cristiano.

¿Por qué no son más los cristianos que tienen la vida abundante con la que sueñan? ¿Por qué no se están *ocupando* en su propia salvación? Esa es una gran pregunta, y la respuesta te llevará al borde del descubrimiento de una forma de vida totalmente nueva. Es la clave para el mensaje de este libro.

El componente clave para ocuparte en tu salvación es la *renovación de tu mente*. Si puedes renovar tu mente, podrás caminar en la vida abundante de Dios. Al renovar tu mente con la Palabra de Dios, aprenderás a vivir una vida *de salvación*, una vida abundante. La salvación de tu alma marcará una gran diferencia en tu vida diaria.

Muchas personas creen en Jesús, pero realmente nunca cambian su manera de pensar. ¿Han cambiado tus pensamientos acerca de tu matrimonio, finanzas, familia y carrera desde que fuiste salvo, o siguen siendo los mismos? ¿Ves a un familiar pasar por un feo divorcio y piensas: *Así es la vida*? ¿Vives una vida de *supervivencia* y te sientes satisfecho pagando lo mínimo en tus cinco tarjetas de crédito? ¿Y te sientes bastante bien mientras tus hijos no sean tan malos como los otros niños? Estos pensamientos no se alinean con la Palabra de Dios.

Es posible amar al Señor y a la vez seguir pensando como el mundo. Tu manera de pensar no renovada acepta como *normal* muchas cosas que *no son normales* para un creyente nacido de nuevo. Cuando tu mente no está renovada, no puedes ver que hay algo más para ti, así que estás dispuesto a aceptar menos de lo que Dios tiene para ti. Muchos no se han dado cuenta de que las promesas que se encuentran en la Palabra de Dios ofrecen una forma de vida más alta para cada creyente.

La respuesta a tu continua lucha por cambiar tu vida es sencilla: la gracia de Dios te ayudará a renovar tu mente. No podrás hacerlo por ti mismo, y Él no puede hacerlo sin ti, pero quiere que tú tengas éxito y te conviertas en la personas que Él quiso que fueras. Con su ayuda, tú *puedes* hacerlo. Por gracia eres salvo, espíritu y alma, ¡en cada parte de tu vida!

¿Cuántos se han resistido a ser cristianos porque sentían que perderían más de lo que ganarían? Es curioso cómo tan solo ese pensamiento dejará a mucha gente sin el mejor regalo de Dios. Yo pensé durante mucho tiempo que si me comprometía con Él, me perdería mucha de la diversión que esta vida nos ofrece. Esa es la mentira que el diablo usa para mantener a tantos alejados del reino de Dios. Es común oír a personas decir: "En cuanto termine de realizar mis juergas más salvajes me haré cristiano". Se dicen a sí mismos: "Si soy salvo, se me acabará la diversión. Tengo que hacer todas las cosas divertidas que pueda primero, y después seré salvo". Lo que no entienden es que Dios nunca quita algo bueno de ellos o les impide tener una vida mejor; en cambio, Él quiere darles abundancia, éxito y la mejor clase de vida.

Quizá tú eres uno de los que creen que los caminos de Dios son irrelevantes para tu vida hoy. El mundo está lleno de los que creen que la Biblia es un libro arcaico. Piensan que la iglesia es un mausoleo lleno de personas raras que no tienen otra cosa mejor que hacer que creer en mitos. La verdad permanece: Dios tiene una forma de vivir mucho más elevada, y está disponible para cada persona. Él tiene más para nosotros de lo que la mayoría experimentaremos jamás. Así como Adán y Eva perdieron la libertad y los privilegios disponibles en el huerto del Edén mediante su rechazo de los pensamientos de Dios, tú y yo nos perdemos su vida más elevada del mismo modo.

¿Cómo puedes experimentar la vida de una forma que es mucho mejor que la que conoces ahora? Solo ocurrirá cuando aceptes los pensamientos de Dios como ciertos. Cuando recibes lo que la Biblia enseña, estás escogiendo los pensamientos de Dios. Cree sus pensamientos. Al aplicarlos, comenzarás tu viaje a un nivel de vida más alto. Cada área de tu vida será cambiada; prosperarás y tendrás éxito en tus relaciones, en tu vida familiar, en tu empresa o carrera, e incluso en tu salud. La vida que Dios ofrece es más alta en todos los aspectos. Es la forma de vida más alta.

## Unas palabras de Wendy: Tu nueva vida

Es un camino único aprender a caminar con Cristo y comenzar a renovar tu mente. Como ocurre con cualquier camino nuevo, nos resulta desconocido y solitario al principio. Quizá Dios te pida que dejes atrás actividades y relaciones familiares. Eso podría resultarte fácil, o quizá te cueste, pues no quieres alejarte de lo que siempre has hecho o de la gente con la que siempre has estado. Podría haber una parte de ti que piense: *Espera, todos mis amigos van a estar ahí. Puedo estar a gusto allí.* Pero no lo estás. El Espíritu de Dios está hablando a tu corazón. Te está dirigiendo, enseñando y entrenando en su nuevo camino para tu vida. A menudo tu nuevo camino te alejará de los antiguos caminos de tu pasado. Mientras mantengas tu espíritu abierto para oír su voz, no estarás cómodo en los mismos lugares y situaciones en las que estabas en el pasado.

Puedes ignorar la guía de Dios en tu vida, es tu decisión. Si decides ignorar sus pensamientos, has de saber que podrías perder ese momento de gracia en tu vida. Cuando Dios acude gentilmente a ti y dice: "No actúes así; no hables así; no sigas en este entorno o participes de esta acción", apresúrate a escuchar y obedecer. Él habla en una voz callada y apacible trayendo su libertad a nuestra vida. Mantente abierto a escuchar cuando Él habla y prepárate para obedecer sus indicaciones.

¿Cuántos han acudido al Señor y han dicho: "Yo creo en Jesús", y esa ha sido la última vez que han pensado en Dios? No buscan para descubrir si hay más para su vida cristiana. No se dan cuenta de que caminar con Dios no es solo pensar una vez en Él sino que es *una manera de pensar totalmente nueva*. Dices que quieres el cambio en tu vida, pero ¿cómo se va a producir ese cambio? El cambio viene mediante nuevos pensamientos, mediante una manera nueva de pensar, una nueva perspectiva sobre la vida. Necesitas la manera de pensar de Dios, su perspectiva, porque sus caminos son más altos que tus caminos, y sus pensamientos son más altos que tus pensamientos (Isaías 55:9).

Un día, mientras estaba orando, dije: "Dios, ¿cómo podría vivir en tus caminos? ¿Cómo podría alguna vez llegar a alinear mi vida con lo que tu Palabra dice que puedo tener?". Sentí que Dios me decía: "Solo comienza con mis pensamientos, y mis caminos vendrán automáticamente". Dices que quieres que los caminos de Dios tengan preeminencia en tu vida. Quieres que tu matrimonio sea a la manera de Dios, también la crianza de tus hijos, tu empresa, tu negocio y tu economía. La pregunta es: ¿qué estás dispuesto a hacer para conseguir los pensamientos de Dios? ¿Estás preparado para estudiar la Palabra de Dios y renovar tu mente? ¿Someterás tus pensamientos a sus pensamientos más altos?

¿Cómo vas a aumentar tus finanzas? Te prometo que no va a ser mediante un programa de préstamos del gobierno o mediante tu tarjeta de crédito. No vas a poder pedir prestado tu camino hacia la prosperidad. No va a suceder en este mundo natural; sin embargo, si puedes obtener un pensamiento más alto, puedes conseguir un lugar económicamente más alto. Tu libertad financiera comienza con tu nueva manera de pensar. Tu nueva forma de pensar te llevará a la forma de vida más alta, la cual Dios ha ordenado para ti.

¿Por qué fracasan tantos matrimonios? Uno o ambos en la pareja se quedarán atascados en un pensamiento acerca de la persona o la situación, y pensarán: *Yo no voy a cambiar de idea.* Si uno o ambos en la pareja no persiguen un pensamiento más alto, entonces no pueden tener una relación más fuerte. Si no estás dispuesto a cambiar tu pensamiento, tu relación está destinada a fracasar; por el contrario, un pensamiento distinto acerca de tu cónyuge y tu matrimonio hará que tengas una relación matrimonial distinta.

Si puedes tener los pensamientos más altos de Dios, tendrás una vida más alta. Si consigues una manera de pensar más alta, tendrás una manera de vivir más alta. Todo comienza con un pensamiento. Un pensamiento puede cambiarlo todo.

# CINCO

*Lleva todo pensamiento cautivo a la obediencia a Cristo.*

—2 Corintios 10:5

## Lleva cautivo todo pensamiento tozudo

¿Te acuerdas del libro del Dr. Dobson, *El niño de voluntad firme*? ¿Has visto o quizá incluso has criado a un hijo tozudo? A veces, ¡parece que todos los niños tienen una voluntad firme! Se les mete algo en la cabeza, y sencillamente no quieren obedecer. Es una lucha, pero como padre o madre, ¿qué debes hacer? Enseñarles y formarles para que piensen bien y se comporten bien. Un buen padre o madre ayuda a su hijo a aprender *a pensar*. La Biblia nos enseña en Proverbios 22:15: "La necedad está ligada en el corazón del muchacho; mas la vara de la corrección la alejará de él".

¿Qué sucede cuando un niño no tiene a nadie que le ayude a vencer sus caminos de necedad? Ese niño se convierte en un adulto necio. ¿Acaso no es cierto? ¿Cuántos hemos visto el resultado de un pensamiento necio manifestado en la vida de alguien? Nuestros centros de detención y cárceles juveniles están llenos de jóvenes que no tuvieron a nadie a su lado dispuesto o capaz de ayudar a esos individuos a tratar con su pensamiento erróneo.

Los niños que tienen formas necias de pensar se convierten en adultos con problemas. No pueden mantener un trabajo; no pueden mantener buenas relaciones; no saben cómo vivir de una manera satisfactoria y saludable. Su alma no es próspera, así que no pueden prosperar. Por mucho que lo intenten, esos pensamientos necios y tozudos son las fortalezas que les aplastan. Esos pensamientos deben ser derribados si quieren vivir la vida que Dios tiene para ellos.

Segunda de Corintios 10:3 nos dice: "Pues aunque andamos en la carne, no militamos según la carne". Aunque vivimos en el mundo natural, muchos de nuestros problemas no son naturales o físicos. Muchas veces queremos luchar contra cualquier situación natural que intente abrumarnos; cargamos contra ella, pensando que podemos ganar la batalla solos o con unos cuantos amigos y familiares, en lo natural. La mayoría de las personas nunca vencen los problemas que sufren porque no saben lo siguiente: *el problema con el que estás tratando no viene de lo que está ocurriendo a tu alrededor en el mundo natural; viene del mundo espiritual y mental.* No es en el ámbito natural o físico sino en el ámbito mental y espiritual donde se gana la verdadera batalla.

El versículo 4 dice: "Porque las armas de nuestra milicia no son carnales, sino poderosas en Dios para la destrucción de fortalezas". Creo que este pasaje de las Escrituras contiene una de las claves más importantes para la renovación de nuestra mente. Dios nos está diciendo que nuestras armas no son armas naturales, no son las cosas que podemos hacer por nosotros mismos. Él nos está diciendo: "Esta batalla en la que estás no es una batalla natural. No es una pelea que puedas ganar con tu carne".

Las armas de tu guerra espiritual no son carnales, no son de la carne. No son armas físicas, sino poderosas en Dios para la destrucción de fortalezas. Las armas de tu guerra espiritual han sido creadas a mano por Él. Estas armas son espirituales, y vienen del Espíritu de Dios. Están dentro de ti, y son perfectas para la destrucción de fortalezas, las *fortalezas* en tu mente.

El versículo 5 continúa diciéndonos: "derribando argumentos y toda altivez que se levanta contra el conocimiento de Dios, y llevando cautivo todo pensamiento a la obediencia a Cristo". Las *fortalezas* de las que Pablo está escribiendo aquí son argumentos, conocimiento que es contrario a la Palabra de Dios. Esta es la verdadera batalla que estamos librando: contra pensamientos que *no son* de Cristo. La lucha en la que estamos involucrados es la de destruir argumentos, conocimiento y pensamientos que no obedecen a Cristo, pensamientos plantados en nuestra mente que están en desacuerdo con la Palabra de Dios.

Pablo está escribiendo para tratar de grabar en nosotros una verdad crucial: *las fortalezas que permitas en tu mente decidirán tu destino. Si ganas la batalla de tu mente, puedes tener la voluntad de Dios, pero si pierdes esta batalla, perderás gran parte de lo que Dios tiene para ti en la vida.*

Para definir lo que es una fortaleza, voy a usar las palabras *pensamientos tozudos.* Piensa en esa vez que tuviste un pensamiento que sabías que no estaba bien. Ni siquiera te gustaba; no querías pensar así, pero te resultaba muy difícil dejar de hacerlo. Eso es una fortaleza. Es ese pensamiento que tiene un fuerte asidero en tu mente, y te parece imposible deshacerte de él.

Las fortalezas son esos argumentos, esos pensamientos, que se deben llevar a la *obediencia* a Cristo. Esos son los pensamientos que deben ser capturados. *Cada* uno de ellos. Incluso esos pensamientos tozudos que no querrán irse. ¿Alguna vez has tenido uno de esos pensamientos? Sabes que no deberías pensar así, pero es tozudo, y no se va. Te enojaste por algo y pensaste: Déjalo. No le ha*gas caso. No merece la pena enojarse por esto.* Pero en cuestión de minutos, lo estabas pensando de nuevo. Sabes que deberías dejarlo y olvidarte de ello, pero sigue regresando una y otra vez. Sigues pensando en ello y, al hacerlo, te enojas aún más. Después comienzas a contárselo a otras personas, y dices cosas que sabes que no deberías decir. Terminas diciéndote: "¿Por qué hice eso?". Es una fortaleza. Es un pensamiento tozudo que no se va.

Lo que tienes que hacer es derribar esa fortaleza. Lo sé, es más fácil decirlo que hacerlo, pero ánimo; Pablo nos está diciendo: "¡Tú puedes hacerlo!". Ganar esta batalla es posible. Si afrontas la situación a la manera de Dios, Él te capacitará y te ayudará a ganar esta batalla. ¡Tú vencerás! Serás capaz de llevar todo pensamiento cautivo a la obediencia a Cristo, y continuar con lo que Dios tiene para ti.

Todos hemos escuchado casos de personas que se han quedado atascadas en ciertos pensamientos, y el costo que ha tenido para sus vidas. ¿Cuántas historias no habremos escuchado de un hombre o de una mujer casados que encuentran a su antigua novia o novio en las redes sociales, y después comienzan una relación adúltera? ¿Cómo es posible que suceda esto? Fortalezas. Un pensamiento. Un pensamiento entra en tu mente. Comienza recordando cuanto tenías diecisiete años y aún tenías buen aspecto. Eras el héroe del fútbol, y en esos días aún podías verte los pies cuando mirabas hacia abajo. Tu vida era increíble, ¡y estabas enamorado! Cuanto más piensas en lo buenos que eran esos tiempos, más sabes que tienes que llamar a Sally. Tan solo quieres saber qué está haciendo, a qué se dedica. Ese pensamiento es el comienzo de una fortaleza, y alterará el curso de tu vida si se lo permites.

Quizá para ti es la depresión. Tus pensamientos se enfocan en un fracaso de tu vida. Otras cosas han ido mal en el pasado, y puedes seguir adelante, pero luego está *esa cosa.* No puedes olvidar que dejaste la escuela, dejaste a tu cónyuge y sufriste un divorcio, tuviste un aborto y dejaste cierto trabajo. Ahora miras hacia atrás y piensas: ¿*Por qué hice* eso? *¿En qué estaba pensando?*

Ese pensamiento comienza a convertirse en un peso, una fortaleza en tu mente. La depresión se asocia con ese pensamiento. Quizá pienses: *Ya está. Se acabó. Voy a continuar. Dios me perdonó.* Sabes que es tiempo de avanzar, pero al día siguiente vuelve el mismo pensamiento. Quizá te lo recuerda un lugar que visitaste, o es una canción que escuchas, y el pensamiento está ahí. Sigue regresando, y no se va. Es un *pensamiento tozudo* que sigue abatiéndote.

Algunos tienen un fortaleza en el área de la adicción. En su mente piensan: *Si consumiera esa droga, me sentiría mejor. Si bebiera un poco, aliviaría las cosas y me haría sentir mejor.* Tu pensamiento de que la adicción te hace sentir "mejor" comienza a controlarte. Tu pensamiento comienza a pesar en ti, no te deja, e intentas convencerte a ti mismo. *No es cierto. No creo que me haga sentir mejor. Sé lo que ocurrirá. Ya he estado ahí antes, y no quiero volver a ir más.* Pero a menos que seas honesto contigo mismo, ese pensamiento tozudo continuará controlando tu vida.

Quizá tu pensamiento es: *Ya no importa. No importa lo que haga; no voy a conseguir ningún aumento de sueldo. No importa si trabajo mucho; nunca voy a conseguir ese ascenso. No importa si voy a trabajar pronto y salgo tarde. Nadie se da cuenta. No importa nada.* En tu matrimonio quizá pienses: *No importa si le digo a mi cónyuge que es el mejor, porque me dará la misma respuesta de siempre. No importa.* En cuanto ese pensamiento se arraiga, se convierte en una fortaleza en tu mente, y después comienza a dirigir tu vida. Se convierte en tu respuesta *fácil* cada vez que te ves ante esa situación.

Pablo dijo en 2 Corintios 10:4: "Porque las armas de nuestra milicia no son carnales, sino poderosas en Dios para la destrucción de fortalezas". Al final, esta es la guerra que importa. No se trata de partidos políticos, y América no se va a derrumbar debido a la política. Las creencias y controversias por los asuntos domésticos no son el problema. La inmigración, programas de salud y la política exterior son problemas reales, pero no es lo que nos derribará. Nuestros problemas no son las cosas que los políticos usan para captar nuestra atención. Como pueblo, fallaremos por nuestros pensamientos. Nuestro mayor problema es lo que pensamos y creemos, porque "porque cual es su pensamiento en su corazón, tal es él" (Proverbios 23:7). Cuando las fortalezas se asientan en tu vida, haces cosas que nunca pensabas que harías. Adicciones, fracasos matrimoniales, crisis financieras, incluso prejuicios raciales vienen de fortalezas en nuestra mente.

Permíteme hacerte una pregunta: ¿Alguna vez te has encontrado en una situación en la que has dicho o hecho cosas que nunca pensaste que dirías o harías? ¿Has dicho cosas a tu cónyuge que nunca creíste que dirías? Sabes a lo que me refiero. Te encuentras en una situación en la que no quieres estar. Regresas a la mala conducta, depresión o cualquier otra decisión negativa. Después, cuando las cosas salen mal, terminas pensando: ¿Cómo sucedió eso?

Comienza con un pensamiento negativo que se convierte en una fortaleza. Comenzaste a juguetear con un pensamiento, y dejaste que esa idea se quedara en tu mente. Cuando ese pensamiento se instala y comienza a dirigir tu vida, ya te diriges hacia una crisis. No me refiero a que perderás la salvación. Sigues siendo cristiano, pero para ser transformado por la renovación de tu mente, ¡debes ganar esta batalla! Debes derrotar a la fortaleza. Un pensamiento puede marcar la diferencia en tu vida. Un pensamiento.

Las fortalezas en tu mente te llevarán al límite de cosas que nunca pensaste que sucederían en tu vida. Tienes la capacidad de luchar contra ellas, de alzarte por encima de ellas y ganar la batalla. La buena noticia es que no estás solo en esta batalla. Toda batalla necesita un plan para tener éxito, y nuestra estrategia se encuentra en la Palabra de Dios.

# Pasos poderosos para la destrucción de fortalezas en tu vida:

## Paso 1: Conciencia

En medio de hacer algo que no te ayuda, detente y pregúntate: "¿Por qué estoy haciendo esto?". La mayoría de nosotros nunca nos detenemos a preguntarnos por qué hacemos lo que hacemos y por qué no hacemos las cosas que harían que la vida fuera mejor.

Segunda de Corintios 10:5 nos dice que debemos *llevar cautivo todo pensamiento*. Comenzamos a llevar cautivo todo pensamiento siendo conscientes de lo que estamos pensando. Para ganar la batalla y derribar las fortalezas, tienes que apropiarte de cada pensamiento. Llevar cautivo significa obtener el control de, obtener el control por la fuerza, tomar prisionero.

¿Sabes lo que está pasando realmente en tu cabeza? La mayoría diríamos: "¡Por supuesto!". Yo te retaría a mirar despacio, a ser consciente de lo que estás pensando. Si estás soñando despierto con las aventuras amorosas del pasado, no es saludable para tu actual matrimonio. Si pasas el día soñando con tus próximas vacaciones mientras estás trabajando, no te ayudará a conseguir el próximo ascenso. Si llegas a casa y ves tres horas de televisión cada noche, eso no añadirá energías o vitalidad a tus metas.

¿Cuántas veces te ha preguntado alguien: "¿En qué piensas?". La típica respuesta es…¡en nada! Para algunos, esa es toda la verdad. No tienen ni idea de dónde estaban yendo sus pensamientos. Pero si quieres cambiar tu vida, tienes que ser consciente. Pregúntate: "¿En qué estoy pensando ahora mismo?". ¿Dónde se va mi mente? ¿Cuáles son mis pensamientos?". La Biblia dice en Proverbios 23:7 que *cual es su pensamiento en su corazón, tal es él o ella*.

Sé que usamos "¡Nada!" como nuestra respuesta fácil cuando nos preguntan en qué estábamos pensando, pero espero que no creas que eso es cierto. Siempre estamos pensando en *algo*, ¿verdad? Por ejemplo, estás sentado en la iglesia un domingo por la mañana, son las 12:40 y el predicador está predicando. Estás pensando: *No debería pensar en la comida. No voy a pensar en las hamburguesas hoy. De-*

*finitivamente no voy a pedirme una hamburguesa con queso y beicon. No, no voy a pensar en eso. No voy a pedirme la extra de queso con una hamburguesa extra. No voy a pensar en eso. ¡No pediré patatas fritas con mi hamburguesa! Probablemente tampoco me pediré un batido de chocolate, no lo haré.* Entonces te empiezas a preguntar si te dejaste el horno encendido después de cocinar los huevos, todo ello mientras dices: "¡Amén, pastor!". Todo sucede en tu cabeza mientras el predicador está predicando. Siempre estás pensando en algo.

¿Y qué decir del día que pensaste: *Quizá debería ayunar hoy?* ¡Terminaste comiendo tres veces lo que comes normalmente! ¿Por qué? Porque en cuanto piensas *No pienses en comer*, no puedes dejar de pensar en ello. No consigues sacar de ahí tu mente. Intentas enfocarte en otra cosa. Te dices a ti mismo: *Piensa en otra cosa. Enfócate en los pensamientos de Dios,* pero terminas comiéndote la comida porque no puedes sacártelo de la cabeza.

¿Piensas más en tus problemas o en tus promesas?

Siempre estás pensando en tu dinero, tu matrimonio, tus hijos y tu trabajo. ¿Estás pensando en esas cosas de una manera positiva o de una manera negativa? ¿Eres consciente de cuánto más piensas en tus problemas que en las promesas de Dios? ¿Problemas o promesas? Si pudiéramos pesar el equilibrio de tus pensamientos, ¿hacia dónde se inclinaría la balanza?

# Paso 2: Enfoque

Enfoca tu mente en los pensamientos de Dios. Cuando digo *renueva tu mente,* no estoy hablando del pensamiento positivo. Hay muchos gurús del *pensamiento positivo* en el mundo. A pesar de todo su pensamiento positivo, cuando su vida está en crisis siguen teniendo los mismos problemas que los demás. Renovar tu mente no consiste solo en ser una persona más feliz y más encantadora, sino en tener los pensamientos de Dios: ser una persona piadosa.

Isaías 55:9 nos dice que los pensamientos de Dios son más altos que nuestros pensamientos y los caminos de Dios son más altos que nuestros caminos. Enfócate en *sus pensamientos más altos* si quieres *sus caminos más altos.* Enfócate en sus *pensamientos mejores* si quieres una *vida mejor.* Enfócate en sus *pensamientos más abundantes* si quieres una *existencia más abundante.*

¿Por qué vas a la iglesia cada semana? Espero que vayas a aprender la Biblia. Como pastor, no leo periódicos o revistas a mi congregación; no hay poder en los periódicos y las revistas. No leo poemas; no hay poder en una buena poesía. Leo y enseño las Escrituras. ¿Por qué? La Palabra de Dios es viva y poderosa (Hebreos 4:12). Hay sustancia, poder para dar vida, en la Palabra de Dios. El pensamiento positivo es el intento de la humanidad de usar los principios de Dios para vencer sus problemas. Solo la Palabra de Dios contiene el poder para cambiar tu vida. Tener y vivir los pensamientos de Dios es mucho más que tan solo pensar positivamente.

Una forma en que he aprendido a enfocar mis pensamientos es tener algún *pensamiento favorito* preparado para cada circunstancia. Entonces estoy listo para cualquier cosa que venga a mi camino. ¿Cuáles son algunos de tus *pensamientos favoritos* para distintas situaciones que se puedan producir en tu vida? Imaginemos que tu jefe se acerca a ti mañana y te dice: "Lo siento, tenemos que prescindir de ti. Estamos reduciendo personal en la empresa, y no podemos seguir contando contigo. Te estoy avisando con dos semanas de antelación". ¿Cuál es tu *primer* pensamiento? Si te enfocas en los pensamientos de Dios y conoces su promesa en Filipenses 4:19, entonces dirás: "Mi Dios, pues, suplirá todo lo que os falta conforme a sus riquezas en gloria en Cristo Jesús".

No empiezas a llorar o a preocuparte. No te emborrachas en la comida mientras intentas encontrar una forma de contárselo a tu cónyuge. Tienes un *pensamiento favorito* que te lleva a un nuevo nivel. Si te conformas al mundo, puede que te enojes o te deprimas. Si eres transformado por la renovación de tu mente, te acercas más a la perfecta voluntad de Dios. Piensas para ti: *Creo que voy a ganar más dinero en mi siguiente trabajo.* Puedes estar agradecido por estar avanzando hacia tu destino. Puedes decir: "Gracias por ser parte de mi vida", y decirlo de corazón, porque tienes una manera más alta de vivir. Tienes un *pensamiento favorito*, una manera de pensar que te hace avanzar cuando te ves ante un desafío.

¿Qué tal cuando recibes una llamada del médico, diciéndote: "Su análisis de sangre parece tener los niveles de proteína elevados. Estamos preocupados por ello, y tenemos que hacer más pruebas para asegurarnos de que no tenga cáncer". ¿Cuál es tu *pensamiento favorito*? ¿Llamas a todos tus conocidos y les dices: "¡Tengo cáncer! ¡Me quedan seis meses de vida! ¡Sabía que esto me ocurriría algún día!".

¿Es ese tu *primer* pensamiento? ¿O podrías decir: "Gracias, doctor. Agradezco su diagnóstico. Usted sabe que yo soy cristiano, ¿verdad? Bueno, pues yo creo que Jesús llevó mi enfermedad y mi dolencia. Solo quiero que sepa que no estoy preocupado porque creo que por las llagas de Jesús yo fui sanado".

## Unas palabras de Wendy: Mi momento de llamada telefónica

Todos tenemos situaciones difíciles que vienen a nuestra vida. Aunque puede que no sepamos cuándo y cómo llegarán esos momentos difíciles, *podemos* saber que estamos preparados para ellos. Yo lo llamo un *momento de llamada telefónica*. Recibí un *momento de llamada telefónica* el día que mi médico me llamó para decirme: "Usted tiene cáncer". Era una tarde normal de un martes, y acababa de llegar a casa de trabajar cuando sonó el teléfono. Lo que menos me podía imaginar era recibir esa llamada de teléfono. En cuanto el doctor dijo esas tres palabras, la lucha comenzó. Podía haber entrado en pánico, pero de inmediato supe que tenía que enfocarme en la Palabra de Dios que había plantada en mi corazón y mi mente.

Todos experimentaremos un *momento de llamada telefónica* en algún punto de nuestra vida. Ese momento de angustia cuando el antiguo camino de duda y temor quiere alzarse y tomar el control. En vez de dejar que los pensamientos llenos de temor corran por tu mente, puedes tener otra forma de pensar, esa que dice: "Yo no voy por ese camino del temor. Yo voy a confiar en ti, Dios". Puede que no lo entiendas del todo, quizá incluso tengas un poquito de miedo, pero pones tu confianza en Él.

Cuando recibí la llamada, tuve que sentarme muy despacio por unos momentos, y después dije: "Dios, necesito tu ayuda ahora mismo. Padre Dios, creo que tendré una vida larga y próspera". Tuve que obligarme a pensar los pensamientos de Dios, porque mi mente al instante quería ir por un camino muy oscuro. Había perdido a mi mamá por el cáncer. Fue un proceso muy lento y doloroso, y fui testigo de primera mano de los devastadores efectos del cáncer en su cuerpo. Cuando escuché la palabra *cáncer*, mi mente se fue directamente a ese horrible momento de mi pasado. También, había pasado por once largos meses de tratamiento de quimioterapia de Casey por su hepatitis

C. Vi los resultados de la quimioterapia en su cuerpo. De inmediato, mi mente iba a mil por hora por esos caminos, y quería tener miedo.

Mientras enfocaba mis pensamientos y acallaba mi corazón y mi mente, le pedí a Dios que me ayudara a ser fuerte. Le pedí que me ayudara a pelear esta batalla en base a la decisión que ya había tomado: someter mi vida a sus caminos. Le recordé a Dios, y a mí misma, que *soy una mujer que vivirá una vida larga y próspera*. No permití que el temor me dominara. Rehusé ir por el camino de ver a mi mamá en los últimos momentos de su vida. No me iba a enfocar en recordar cuál era el aspecto de Casey cuando se le cayó gran parte de su cabello y se quedó tan delgado. No te enfoques en las partes tristes de tu historia ni dejes que el temor te abrume, más bien, deja que tu corazón se llene de la gracia y capacidad de Dios, con la fortaleza de su Palabra.

No pienses que estoy diciendo que las emociones negativas no intentarán agobiar tus sentidos, porque lo harán. Mientras estés declarando tu confianza en las promesas de Dios, probablemente experimentarás temor y duda. Cada pensamiento negativo que hayas experimentado u oído con respecto a tu situación comenzará a pasar por tu mente. Tus emociones querrán tomar el control. Dios no tiene miedo de tus emociones, ni tampoco se ofende ni se preocupa cuando hablas con Él desde una posición emocional y vulnerable. Él te creó para tener emociones, simplemente no dejes que tus emociones controlen tu situación.

Cuando Casey llegó a casa ese día, me miró y supo que pasaba algo. Mi esposo me adora, así que por supuesto, su primer pensamiento fue: *No, mi esposa no; mi mejor amiga no.* La gente que te ama también tendrá que luchar contra los pensamientos de temor y duda. Estoy muy agradecida de que Casey se mantuviera fuerte a mi lado mientras orábamos, adorábamos y le dábamos gracias a Dios porque sus promesas estaban actuando en mi cuerpo.

Hoy estoy sana, restaurada, y mi cuerpo está cien por cien libre de cáncer. ¿Fue fácil? No, pero fue posible. Mi sanidad no llegó por una lista de versículos memorizada o por saberme un libro entero de la Biblia, sino por la honda creencia en quién es Dios y lo que ha hecho por mí. Tu fortaleza, sanidad, provisión y todo lo que necesitas llegará mientras te enfocas en sus promesas y confías en el Dios de amor, gracia y bondad.

Cuando no puedes enfocar tus pensamientos en las promesas de Dios, lo único que te queda son pensamientos conformados al mundo. Tus emociones, cómo te sientes con respecto a dicha situación, pueden subir y bajar. Todos tenemos emociones que intentan dominarnos, pero si puedes enfocar tus pensamientos en cómo Dios ya ha peleado la batalla por ti, ya habrás vencido.

¿Qué haces cuando la escuela de tu hijo te llama y te dice: "Johnny ha tenido un accidente"? ¿Comienzas a llorar? ¿Dejas de inmediato que el temor tome el control y comienzas a pensar lo peor? ¿O dices: "He orado por ese niño desde el momento que fue concebido, y sé que sus pasos están ordenados por el Señor. Sé que mi hijo estará bien".

Estas cosas no son fáciles, pero ¿cuál es la alternativa? ¿Realmente quieres depender de los pensamientos del mundo para vencer? ¿Cuál es el resultado de pensar como el mundo? El pensamiento mundano te aporta depresión, ansiedad, adicción, enfermedad y todos los problemas por los que vemos que pasa la gente cada día. ¿Cómo podemos nosotros, como cristianos, ser distintos? Solo seremos distintos al mundo si pensamos de otra forma. Solo tendremos algo distinto si podemos llevar cautivo todo pensamiento a la obediencia a Cristo.

# Paso 3: Práctica

Para tener algo nuevo en tu vida, tienes que practicarlo hasta que se convierta en parte de ti. Tu nueva forma de pensar no te resultará cómoda al principio; de hecho, te hará sentir bastante incómodo. Y este es el problema: no nos gustan las cosas incómodas. Los zapatos nuevos son incómodos; una silla nueva es incómoda; un trabajo nuevo es incómodo.

Asistes a una iglesia nueva, y es incómodo. La gente te pregunta: "¿Te gustó la reunión?". No puedes explicarlo, pero piensas: *Algo no estaba bien.* Tuvieron un buen tiempo de alabanza y adoración, una oración poderosa y la enseñanza fue práctica, pero no estuviste cómodo. ¿Por qué? Es nuevo. Tras asistir un tiempo, comienzas a ver unos cuantos rostros familiares, encuentras tu lugar favorito, te aprendes las letras de las canciones, y todo comienza a empezar a ser cómodo. Ahora te sientes bien. ¿Cambiaron algo? No. ¿Qué fue lo que cambió? Tú cambiaste.

Tu esposa cambia los muebles de la casa, y dices: "Espera, no veo bien la televisión. Hay un reflejo en la pantalla del televisor. ¡Esto no va a funcionar!". ¿Es realmente un problema? No, es solo que ahora es distinto. Es incómodo. Por alguna razón, nos gusta evitar estar incómodos a toda costa. Ese es uno de los mayores problemas con la renovación. Evitamos el nuevo pensamiento porque el nuevo pensamiento nos hace sentir *incómodos.*

¿Sabías que las personas que han sido pobres y de repente consiguen más dinero del que han tenido en toda su vida lo perderán rápidamente? Al tipo que apenas llegaba a fin de mes ¡le tocó la lotería! De repente es multimillonario. ¿Qué hace? ¡Hace algo para deshacerse de ello lo antes posible! Tiene una tendencia innata a volver a lo que es cómodo. Él está más cómodo siendo pobre. ¿Por qué? Es a lo que está acostumbrado. Siendo pobre, puede quejarse de lo difícil que es la vida. Puede culpar a los ricos. Puede hablar de lo que haría si tuviera el dinero. En cuanto consiguió más dinero del que había tenido jamás, inconscientemente pensó: ¡Esto es incómodo! ¡Debería deshacerme de esto!

¿Sabías que a algunas personas realmente les gusta estar enfermas? Les gusta estar enfermas más de lo que les gusta estar sanas porque tienen algo de qué hablar cuando están enfermas. Les dicen a sus amigos: "¿Sabes lo que el doctor me recetó ayer? Déjame que te cuente el último medicamento que me ha recetado. Tenía este nuevo dolor, ¡y no te imaginas lo que decía Google al respecto!". Están deseando contarles a todos cuál es su nuevo dolor porque les da algo de qué hablar. Es su conversación *favorita*, y les hace sentir cómodos.

*Una fortaleza no es solo un pensamiento tozudo; es un pensamiento cómodo.* Muchas veces las cosas con las que estás más cómodo son las más difíciles de eliminar. Quizá tienes un abrigo viejo y tu cónyuge ha estado intentando deshacerse de él durante años. Tú dices: "No, ¡no te puedes deshacer de él! ¡Es mi favorito!". Es feo, está desgastado, está anticuado, pero te sientes cómodo con él puesto. Quieres quedártelo tan solo un año más, y después otro y otro.

Ocurre también con esas zapatillas viejas de andar por casa. ¡Ya ni siquiera el perro quiere olerlas! Son tan cómodas que no te puedes deshacer de ellas. Es tu silla favorita. Es muy cómoda. No quieres mirar debajo y ver lo que hay en esa silla, pero es tu silla. Es muy cómoda. Es difícil dejar las cosas que te hacen sentir cómodo. A veces, especialmente a medida que te haces mayor, y dejaré que seas tú quien defina ese término, se hace más difícil avanzar. No quieres soltar. Es difícil cambiar porque estás cómodo donde estás.

# Unas palabras de Wendy: Tienes agujeros en tus zapatillas

Como un cómodo par de zapatillas de estar por casa, a menudo no nos damos cuenta de áreas que tenemos que renovar hasta que esas áreas nos golpean en la cara. ¡No te das cuenta de que esas zapatillas están llenas de agujeros! Levantas el pie, ¡y boom!, todo el mundo ve los agujeros.

Una noche cuando Casey y yo aún éramos novios, estábamos en una fiesta con muchos amigos. Me lo estaba pasando muy bien, riéndome y hablando, cuando alguien dijo algo acerca de Casey. Yo respondí con un comentario sarcástico. Esa era mi respuesta habitual. Cuando alguien hizo otro comentario, volví a decir algo sarcástico de Casey.

Durante mi camino de vuelta a casa, Casey detuvo el automóvil y dijo: "¿Puedo hacerte una pregunta?". Yo estaba jovial y feliz por haber estado en la fiesta y no tenía ni idea de que hubiera pasado nada malo. Me preguntó: "¿Por qué dijiste eso de mí?". Yo sabía a lo que se refería. De nuevo dijo: "¿Por qué dijiste esas palabras acerca de mí?".

Yo respondí: "¿Qué palabras?".

Él dijo: "Bueno, dijiste…" y repitió mis comentarios. Lo que yo había dicho fue un comentario sarcástico y malo acerca de él.

Le miré y dije: "Que hice ¿qué?". Honestamente no sabía de lo que estaba hablando.

Casey dijo: "No quiero que ese tipo de comunicación forme parte de nuestra conversación. No quiero que hablemos así el uno del otro".

Yo dije: "Ni siquiera me di cuenta de lo que estaba haciendo". Tenía algo delante de mí sobre lo que renovar mi mente y ni siquiera lo sabía. Al igual que esas zapatillas viejas llenas de agujeros, me sentía tan cómoda en la forma negativa de comunicarme con la que había crecido, que no lo veía. Era la forma en que hablábamos en mi casa.

Sin la ayuda de Casey para hacerme ver que yo estaba hablando de manera sarcástica de él, no me hubiera dado cuenta del impacto negativo que habría tenido en nuestra relación. Dije: "No sé cómo cambiarlo".

Él respondió: "Bueno, si tienes algo que decirme, aprendamos a tener esas conversaciones". ¡Caramba! No sabía cómo caminar por ese camino de renovación. Era una manera de pensar totalmente nueva para mí.

Cuando tomes la decisión de renovar el espíritu de tu mente, habrá cosas que el Espíritu de Dios te hará ver que no entiendes al principio. Dedica un tiempo a escuchar cuando alguien te diga algo. Quizá te sientas avergonzado e incómodo en ese momento, ¡pero merecerá la pena!

Uno de nuestros amigos nos contó una historia sobre su abuela. Ella estaba en un momento de su vida en que no podía cuidar más de su casa. Le estaba costando mucho. No podía ocuparse del jardín ni de la limpieza y el mantenimiento necesarios cuando eres el propietario de una casa. Había muchas cosas que le costaba mucho hacer, pero no quería deshacerse de su casa. No quería ayuda, y sin duda no se quería ir a otro lado. Estaba cómoda con cómo iban las cosas, y rehusaba un cambio. Se enojó con su familia por intentar forzarla a salir de su zona de comodidad.

¿Sabes que tu *zona de comodidad* no tiene nada que ver con lo que es mejor para ti? No tiene nada que ver con lo que está bien. Es tan solo con lo que estás cómodo. Algunas personas están cómodas siendo abusadas. Otras están cómodas abusando de sí mismos con sus adicciones, su hábito de fumar, o sus malos hábitos alimenticios. Cuando estamos cómodos y alguien intenta hacernos cambiar, nos enojamos. Todos lo hacemos. Nos resistimos, y decimos: "¡Déjame tranquilo! Aunque no me guste lo que hago, no voy dejarlo hasta que esté bien y preparado", porque estamos cómodos.

¿Cuándo comenzamos a llamarlo *comida reconfortante*? ¿Qué es la comida reconfortante, para empezar? Puré de patatas… patatas fritas… un gran bol de sopa de pollo con fideos? ¿Cuál es tu comida reconfortante favorita? ¿Tu golosina favorita? ¿Un poquito de helado? Quizá para ti es una buena comida sureña completa a base de pollo frito, puré de patatas y salsa, con pan y miel.

Imagino que *comida reconfortante* es cualquier comida con la que estés cómodo. ¿Tiene que ser saludable? ¡Seguro que no! ¡Nadie me ha dicho nunca que los espárragos sean su comida reconfortante! Normalmente, la comida reconfortante no es algo necesariamente bueno para ti, pero te hace *sentir* bien. Compras el cubo grande de pollo frito, delicioso, y comerlo te hace sentir muy bien. Esa es una buena comida reconfortante, ¿verdad? Añade algo de pan y salsa, y no se puede comer nada más rico. Sabes que quizá engordarás tres kilos después de comerte ese cubo de pollo, pero no te puedes resistir. Mientras te lo comes, sabes que no te está aportando lo que verdaderamente necesitas, pero es cómodo, así que te lo comes igualmente.

Nuestras fortalezas están firmemente arraigadas en lo que nos hace sentir cómodos. Incluso aunque no nos guste nuestra situación, estamos cómodos con ella, así que continuamos en nuestra vieja rutina de siempre. Tu fortaleza es ese pensamiento cómodo y reconfortante, al que te aferras como ese viejo par de zapatillas. Sabes que no está bien, sabes que no hará prosperar tu alma, pero aun sabiendo que no está bien, decides estar cómodo. Rechazas el cambio debido a lo incómodo que te resultará.

Cuando recibí la salvación, pasé siete años yendo a la penitenciaría estatal de Monroe en el estado de Washington para ministrar a los presos con Julius, mi mentor. Cada semana non sentábamos en celdas sucias y oscuras y hablábamos con los presos con penas entre dos a cuarenta años, y algunos de por vida. Como equipo de consejería, Julius y yo hablábamos con los que estaban a punto de salir. Sabíamos que, según las estadísticas, el 80 por ciento de los presos, si los soltaran, volverían a entrar en la cárcel. Al hablar con cada hombre, no podíamos dejar de preguntarnos: ¿Será esta persona de las que regresan? ¿Será de los pocos que consiguen cambiar? ¿Sabes cuál era el factor decisivo? El hecho de si estaba cómodo o no en la prisión. Cuando un preso estaba cómodo en la cárcel, no estaría cómodo fuera. Para seguir estando cómodo, prefería ser encerrado.

¿Alguna vez te has *encerrado* en tu problema? ¿Estás *encerrado* en tu situación negativa? ¿Te has acomodado tanto a lo que no te gusta que no puedes estar cómodo con las promesas de Dios? Por eso Pablo nos dijo en 2 Corintios, capítulo 10: "¡Es una fortaleza! Eliminarla no es fácil. Tienes que luchar contra ella". ¿Cómo lo haces? Derribando esa fortaleza al llevar todo pensamiento cautivo a la obediencia a Cristo. Sé *consciente* de tus pensamientos, *enfócate* en las promesas de Dios, y *practica* tu nueva forma de pensar hasta que se convierta en una rutina.

Hace años teníamos una gran amiga que trabajaba en un restaurante local en la parte sur de Seattle. Hace mucho que partió con el Señor, pero era una mujer muy buena. Le encantaba ser camarera, y tuvimos muy buenas conversaciones con ella a lo largo de los años. Esta mujer había desarrollado un estilo de peinado cuando estaba en la secundaria. Era perfecto para ella con esa edad y en ese tiempo; lo gracioso era que tenía unos cuarenta años cuando la conocimos, y tuvimos relación con ella hasta que tuvo setenta, pero no cambió de peinado durante todo ese tiempo ni una sola vez. Estaba cómoda con ese estilo, y en su mente cualquier otro estilo no le quedaba bien.

¿Te imaginas el gran impacto que habría supuesto para el aspecto de esta mujer si se hubiera cambiado de peinado? Pero nunca lo hizo. No estuvo abierta al cambio. Era un tipo de persona de las que *entran en una rutina y no cambian*. Nunca probó un corte nuevo, un producto nuevo, o una forma nueva de peinarse porque estaba fuera de su zona de comodidad.

Todos conocemos a esas personas que no se pueden adaptar o cambiar. Para ellos, es prácticamente un sacrilegio deshacerse de lo viejo y probar algo nuevo. Dicen cosas como: "No entiendo por qué no podemos hacer las cosas como siempre se han hecho". Viven para la regularidad, y para ellos es casi imposible cambiar.

¿Eres una persona abierta al cambio? ¿Te puedes ver viviendo una vida renovada? No será fácil. Al principio será incómodo. Comenzarás a sentir que no estás seguro de poder afrontarlo. Un nuevo estilo siempre nos parece un poco extraño al principio, ¿no es así? Una nueva forma de hacer las cosas o un nuevo aspecto siempre será un poquito incómodo al principio. Una vez que comienzas a avanzar, es cuando comienzas a emocionarte con las cosas nuevas que estás experimentando. Dios es nuevo cada día. Cuando estás viviendo como Dios quiere, basando tu vida en sus caminos, no te quedarás atascado en lo antiguo.

Dios siempre quiere cosas nuevas. Dios es el creador de lo nuevo. Desde el comienzo de la Biblia hasta el final, Dios demuestra su amor por lo nuevo. Un nuevo día. Una mañana nueva. Una nueva estación. Un cántico nuevo. Un espíritu nuevo. Un nuevo corazón. Él está queriendo producir un nuevo pueblo, una nueva Jerusalén, un cielo y una tierra nuevos.

Lamentaciones 3:22-23 dice que la misericordia y bondad de Dios son nuevas cada mañana. Cuando conoces esta gracia de Dios, eres capaz de aceptar cosas nuevas que Él hace cada día. Puedes conservar esas cosas que son fundamentales y buenas, pero a la vez ir a por lo nuevo. El mundo intentará mantenerte atado en tu zona de comodidad, pero la gracia te llevará a un nuevo lugar: un lugar de cambio y renovación en el Señor. Con su ayuda, por su gracia, las cosas nuevas pronto te parecerán bien y estarás cómodo.

# SEIS

*"Permaneced en mi Palabra... y la verdad les hará libres"*
—Juan 8:31-32

## Las mentiras que creemos y la verdad que nos hace libres

¿Qué es lo que *menos* quieren oír muchos adolescentes y adultos jóvenes? "¡Eres igual que tu padre!". "Me recuerdas muchísimo a tu madre". Aunque muchos de nosotros, especialmente cuanto más jóvenes somos, estaríamos en desacuerdo, nos parecemos más a nuestros padres de lo que nos gusta admitir. La mayoría crecimos con los mismos pensamientos y creencias de nuestros padres: económicamente, espiritualmente y relacionalmente. En la mayoría de los casos y a menos que suceda algo drástico, terminamos viviendo como nuestros padres. Crecemos con sus pensamientos y creencias.

En algún momento de nuestra joven vida, muchos tenemos que *tener nuestras juergas*. Tenemos que rebelarnos. Puede que no sea así en otros países, pero especialmente en América tenemos que hacer nuestras propias cosas. Aunque recorras *tu propio* camino por un tiempo, finalmente comenzarás a sonar como tu padre. Empiezas a parecerte a tu padre. Empiezas a actuar como tu madre. Empiezas a vivir como fuiste criado. Algún día mirarás tu propia vida, y dirás: "¿Cuándo me volví como mis padres?".

La Biblia dice en Proverbios 22:6: "Instruye al niño en su camino, y aun cuando fuere viejo no se apartará de él". De jóvenes, quizá hemos experimentado con decisiones para las que no nos educaron. Quizá hemos correteado, hemos hecho la escena de la fiesta de la universidad, y hemos tenido una mala actitud, pero al final, ¿cuántos hemos regresado a la forma en que fuimos educados? Terminamos sonando a nuestros padres, actuando como nuestros padres y viviendo como nuestros padres. ¿Por qué? Por el espíritu de nuestra mente.

Quizá hayas oído la historia de la mamá que le estaba enseñando a cocinar a su hija su cena tradicional de Navidad. Primero, sacó la sartén grande. Después, sacó todos los ingredientes: el jamón y las batatas, y todas las cosas que necesitaría para los demás platos. Estaban haciendo la comida completa, la gran cena familiar. Finalmente, mamá cortó el jamón en dos y lo puso en la sartén. La niña sentía curiosidad, así que preguntó: "Mamá, ¿por qué has cortado el jamón por la mitad?".

La mamá respondió: "Bueno, así es como lo cocinamos nosotros".

La niña preguntó: "¿Y por qué lo hacemos así, mamá?".

La mamá se quedó sin respuesta, así que dijo: "La verdad es que no lo sé. Le deberías preguntar a la abuela, porque así es como ella me enseñó".

La pequeña fue corriendo al teléfono y llamó a su abuela. Le dijo: "Abuela, estamos cocinando la cena de Navidad, y cuando llegamos al jamón, mamá lo cortó por la mitad antes de ponerlo en la sartén. Me preguntaba ¿por qué cortas el jamón por la mitad?".

Su mamá dijo: "Bueno, no sé por qué tu madre lo corta por la mitad, ¡pero yo no tenía una sartén lo suficientemente grande donde cupiese el jamón entero!". La abuela tenía una razón práctica por la que siempre cortaba el jamón por la mitad antes de cocinarlo. Mamá tenía una razón del *espíritu de la mente.* La abuela lo hacía porque no tenía una sartén tan grande. Mamá lo hacía porque así era como lo había visto hacer. No sabía por qué, pero para ella, así era *nuestra manera de hacerlo.* Era parte de su pensamiento.

Lo que enseñas a tus hijos es vital. Quizá no te des cuenta, pero tus acciones, tus actitudes y tu forma de vivir tu vida diaria tienen una influencia enorme sobre el futuro de tus hijos. Las decisiones que tomes en la vida ahora mismo podrían estar limitando la forma en que tus hijos vivan cuando crezcan y maduren. Les impedirás darse cuenta de todo lo que Dios tiene para ellos cuando les dices cosas como: "Tú no puedes. No funcionará. No nos lo podemos permitir. Nunca sucederá. No somos ese tipo de personas. Nunca antes hemos tenido eso". Cuando pones esos pensamientos en la mente de tu hijo, puedes limitar su destino.

Aunque la agitación me rodeaba, pude sentir la gracia de Dios alcanzándome; y cuando Él se acercó a mí, yo me acerqué a Él. Había crecido en la iglesia y asistía a las reuniones cada domingo, pero eso no significaba que yo conociera a Dios. Mis padres me habían criado en la iglesia, así que sabía que tenía que ir a la iglesia para encontrar lo que estaba buscando.

No tenía ni idea que el día que decidí ir a una reunión al azar de la iglesia cambiaría tanto mi vida. No recuerdo mucho la reunión, pero sí recuerdo el sentimiento de que Dios me estaba hablando solo a mí. Incluso en medio de una gran multitud, sentía que solo estábamos Dios y yo. Supe allí mismo que tenía que aceptar a Jesús como mi Señor y Salvador. Mis padres habían sembrado la Palabra en mi corazón durante años, y no necesité que nadie me dijera lo que tenía que hacer. Lo sabía. Recuerdo que dije: "Dios, quiero esto. Quiero conocerte. Quiero vivir para ti". Ese fue el momento en el que rendí mi vida a Dios para siempre".

Al recordar mi historia, y cuando recuerdas tu historia, es fácil ver cómo Dios ha trabajado en nuestra vida y que sigue y seguirá trabajando. Nos ayuda a mirar hacia el futuro con esperanza cuando entendemos cuánto ha hecho Dios por nosotros en el pasado. Cuando te das cuenta de los distintos momentos del tiempo, los que nadie vio y los que ni siquiera tú sabías que eran importantes, puedes ver claramente la mano de Dios obrando en tu vida.

La manera en que te educaron tus padres, la cultura en la que creciste, y la nación en la que vives son todos ellos factores que contribuyen al *espíritu de tu mente*. Mira toda la variedad de grupos humanos, ya sea un país, una organización o una iglesia, y verás todos los estilos posibles de vestidos, conductas, gustos y aversiones. La manera en que te educaron se manifestará en el *espíritu de tu mente*. Aparecerá en tu forma de hacer las cosas, en tu manera de entender el matrimonio y en la manera de educar a tus hijos.

Tus conceptos de lo que está bien y lo que no, lo bueno y lo malo, y lo que es aceptable o no es aceptable, se convierten en parte del espíritu de tu mente y viene de tu cultura, de la casa en la que creciste, o de la cultura que decidiste hacer tuya. ¿Cuántos nos hemos detenido alguna vez a cuestionar nuestras creencias? ¿Te preguntas: "¿Es bueno esto? ¿Es lo correcto? ¿Es el camino de Dios, o es mi camino?"? ¿Cuándo fue la última vez que cuestionaste tu forma de vida, las decisiones que tomas? Examinándolo despacio, puede que no estés haciendo cosas según la manera de Dios.

¿Cuál es tu estilo musical favorito? ¿Por qué te gusta ese estilo musical en particular? ¿Es clásica, o rock and roll? ¿Por qué prefieres el rock and roll? Si te gusta el rap, ¿por qué te gusta el rap? ¿Es posible que en tus años de adolescencia le gustara a alguien que considerabas que era popular, y por eso a ti también te gustaba? Te gustaba esa persona, y por eso también te empezó a gustar esa música. O quizá era normal para ti en esa época de tu vida.

Los científicos dicen que alrededor de los catorce años comenzamos a desarrollar nuestros gustos musicales, y nuestras preferencias quedan bastante bien asentadas cuando llegamos a los veinticuatro. Puede que algunas personas cambien sus preferencias con el paso de los años, pero es muy raro que se produzcan cambios muy drásticos. Puedes aprender a disfrutar otros estilos, pero generalmente hablando, lo que te gustaba cuando eras adolescente y en tus primeros años de universidad es lo que te gusta hoy. Por eso hay emisoras de radio de "música antigua".

El otro día alguien me preguntó: "¿Qué música escuchas más en tu teléfono?". Quise ser espiritual. Quería decirle "música cristiana". Quería decir música de alabanza del Christian Faith Center. Realmente quería ser espiritual, pero honestamente, no escucho demasiada música en mi teléfono. A decir verdad, si estoy en un avión y decido escuchar música, pongo Lynyrd Skynyrd, ZZ Top y algunas otras bandas de rock and roll. Ya sabes, ¡el tipo de música que mis hijos nunca han escuchado! La música que no ha sonado apenas en los últimos cuarenta años. La música que era bonita cuando yo tenía dieciséis años y llevaba sonando en el casete a todo volumen en el estéreo de mi Mustang mientras iba por la autopista de camino a la cárcel.

En este momento de mi vida paso más tiempo escuchando música de adoración, pero la música que me gustaba de adolescente es lo que hay en mi teléfono. Está en mi lista de iTunes, y si pudiera escoger una cosa para escuchar en mi tiempo libre, sería mi antigua música de rock and roll. ¿Por qué me gusta aún ese estilo de música? Es parte del espíritu de mi mente.

¿Alguna vez te has sentado a observar a la gente? ¿Lo que visten, cómo caminan y cómo actúan e interactúan con otros? Observar a las personas me parece una manera fascinante de pasar el tiempo. Leí en algún lugar que somos más de siete mil millones en el planeta, y ese número sigue aumentando cada segundo de cada día. Lo asombroso es que cada uno de nosotros es único. A menos que estés en la cárcel o en alguna otra situación de restricción, tú decides cada día cómo te vestirás, qué quieres comer y dónde trabajar. A algunos nos gusta un estilo de vestir casual mientras que otros prefieren un estilo más elegante. Algunos comen carne, y otros son vegetarianos. No hay dos personas idénticas en el planeta. Incluso los gemelos idénticos no son *idénticos*.

También encontramos particularidades cuando miramos las muchas culturas repartidas por todo el mundo. A un grupo de personas le gusta las tortillas y los frijoles, otro grupo prefiere el Kimchi y el pulpo, y a otro grupo le gusta los perritos calientes y el pastel de manzana. Aunque todas las regiones del mundo tienen ciertas similitudes, hay diversidad entre los grupos. Hay un hilo común, pero no hay dos grupos a los que les gusten exactamente las mismas cosas, e incluso dos personas dentro de una misma cultura pueden diferir.

Una cosa que me fascina es la pregunta: ¿Por qué nos gusta lo que nos gusta? La sencilla respuesta es esta: cada uno tiene una parte de su mente que automáticamente toma ciertas decisiones. Uno no se sienta antes de comer algo y se pregunta por qué le gusta cierta comida; sencillamente te gusta. No puedes explicar por qué; sencillamente lo haces. No sabríamos cómo explicar por qué no nos gusta algo; sencillamente no nos gusta. A menudo, eso que a uno no le gusta es lo que a otro le encanta. Nuestra manera de procesar lo que nos gusta y lo que no nos gusta es parte de lo que nos hace ser únicos. Tiene que ver con aquellas cosas a las que fuimos expuestos o con la forma en que nos educaron; tiene que ver con la personalidad; tiene que ver con decisiones que hemos estado tomando desde que éramos pequeños, una y otra y otra vez.

¿Qué cosas haces que no sabes por qué las haces de esa manera? ¿Cuántas cosas te gustan, y a la vez no entiendes por qué te gustan? ¿Cuántas actitudes o creencias tienes, y sin embargo no sabes por qué tienes esas creencias? Al involucrarte en el proceso de renovar tu mente, te pediría que explores y te desafíes con estas preguntas: ¿Por qué haces lo que haces, dices lo que dices y piensas lo que piensas? Quizá te sorprendas de las cosas que descubres.

¿Alguna vez has experimentado esa etapa en la que todo iba *demasiado bien*? Quizá no digas: "Las cosas van demasiado bien", pero subconscientemente estás pensando: *Vaya, las cosas van muy bien úl-*

*timamente. Debe de haber un desastre a punto de suceder. Cuando las cosas van así de bien, estoy seguro de que se acerca un problema.* Subconscientemente estás *esperando que pase algo malo.* ¿Por qué pensar así? *El espíritu de tu mente te está diciendo* que las cosas no deberían ir tan bien, que no es normal, y no sabes qué hacer cuando las cosas van *tan bien.* Tienes que regresar a un sentimiento de *normalidad*; lo cual, para ti, es tratar con una continua lucha en una relación, carencia económica o problemas en el trabajo.

Cuando las cosas van muy bien, encontramos una manera de hacernos volver a un lugar que nos resulte familiar. He oído casos de estudios corporativos donde han probado esta teoría. Toman a los vendedores de regiones altamente exitosas y a los que son de áreas de menos éxito y los intercambian. Las personas menos exitosas siempre dirán cosas como: "Aquí no hay buenos clientes. No puedo encontrar a los buenos clientes. No tengo las oportunidades que tienen otros. No es justo. No consigo sacar el salario".

En la prueba, los vendedores menos exitosos recibieron el área donde otros hacían más dinero, y los vendedores exitosos fueron a esas áreas donde, aparentemente, no había buenos clientes. Sorprendentemente, en menos de un año los vendedores menos exitosos habían arruinado las ventas en el distrito bueno y habían perdido la mayoría de los clientes. Por el contrario, en menos de un año los vendedores exitosos habían elevado las ventas en la región, habían conseguido nuevos clientes, creado nuevas oportunidades y encontrado una manera de prosperar.

En Mateo 12:35 Jesús dijo: "El hombre bueno, del buen tesoro del corazón saca buenas cosas; y el hombre malo, del mal tesoro saca malas cosas". No sabotees las oportunidades que Dios está poniendo delante de ti. El éxito a menudo es incómodo al principio, y tendemos a movernos inconscientemente hacia lo que nos hace estar más cómodos. Cuídate de no arruinar inconscientemente lo bueno haciendo algo necio para volver a lo *normal,* cualquier cosa que eso signifique para ti.

¿Cuántas veces haces inconscientemente eso mismo que te llevará de nuevo a tener que batallar en tu vida? Se debe a que batallar es algo normal para ti. Pagas las facturas y eso te hace sentir bien, por un rato. En cuestión de semanas, usas todo el crédito de las tarjetas y te encuentras de nuevo donde estabas. ¿Por qué? Sientes que lo normal para ti es tener deudas y apenas poder pagar. De cualquier forma, te vuelves a poner en la posición de la que tanto te esforzarte por salir. ¡No hagas eso! No hagas inconscientemente eso que te llevará de nuevo a tu nivel normal de comodidad. Toma una decisión consciente y haz lo que sea necesario para que te parezca cómoda tu *nueva normalidad*.

¿Alguna vez has oído a alguien decir: "Oh, es demasiado bonito. Nunca tendré un automóvil así. Nunca me podré permitir tener una casa así. Es demasiado para mí. Nunca podría ir a una iglesia como esa. Es demasiado grande". Estas mentiras y otros pensamientos impíos ponen limitaciones inconscientes a tu futuro crecimiento y mantienen la mediocridad reinando en tu vida. Cuando estos tipos de pensamientos negativos te están controlando, limitas lo que Dios puede hacer en tu vida. Te crees la mentira.

Quizá te creas la mentira que te convence de que tienes que quedarte en un cierto nivel económico. De hecho, nunca sobrepasas el nivel económico de tus padres. De nuevo, se remonta a sentirte cómodo. ¿Te sientes cómodo solo cuando tu mundo es predecible y seguro, cuando todo te parece normal? ¿Es más seguro creerte la mentira de que *no puedes mejorar* que creer la Palabra de Dios, que dice: "Y a Aquel que es poderoso para hacer todas las cosas mucho más abundantemente de lo que pedimos o entendemos, según el poder que actúa en nosotros…" (Efesios 3:20)?

Otra palabra que me gusta utilizar en lugar de seguro es *mediocre*. No me malentiendas. Hay una gran diferencia entre ser responsable y ser mediocre. Todos tenemos que tomar decisiones sabias y ser responsables de pagar nuestras facturas y cuidar de nuestro hogar y de nuestra familia. A lo que me refiero es a lo que hay por debajo de ser responsable, una postura que es rutinaria. Es esa zona libre de riesgo que nos hace sentir seguros, el lugar en el que dejamos que la seguridad se convierta en mediocridad.

Algunas palabras que definen la mediocridad son: ordinario, deslucido, olvidable, promedio, intermedio, falta de inspiración y nada excepcional. Podría seguir, pero creo que entiendes la idea. Mediocre es fácil. No es difícil quedarte en tu rutina y dejarte llevar. No tienes que poner mucho esfuerzo para continuar, y es menos estresante tan solo aceptar lo que tienes fácilmente a tu alcance.

¿Cuántos de nosotros nos conformamos con una existencia mediocre, intermedia? Mira, es como la persona que cuando le preguntas cómo está, responde: "Bien". Le preguntas cómo le va y escuchas: "No mal del todo". O tiene miedo al riesgo, o no se molesta en buscar más. No solo está viviendo una vida mediocre, sino que también se enoja con los que quieren más. Protesta por los versículos que dicen que Dios tiene algo más para nosotros. Se rebela contra la verdad de las promesas de Dios porque a menudo siente que es demasiado. El riesgo es demasiado grande, y no puede ver más allá de su mediocridad.

¿Cómo te puedes deshacer de las mentiras y eliminar los límites de tu vida? Primero tienes que reconocer las mentiras que has creído y cómo esas mentiras han puesto límites en tu vida, límites en tu vida espiritual, límites en tu salud y límites en tus relaciones. ¿Con qué frecuencia has pensado: *Yo nunca podría tener eso; ¡es demasiado bueno!* Nunca podría *llevar un abrigo así; es demasiado caro. Me gustaría recibir sanidad, pero eso nunca ocurrirá, es demasiado pedir.* ¿Por qué es demasiado o demasiado bueno para ti? ¿Quién te dijo que era demasiado? ¿Dónde escuchaste esa mentira?

Subconscientemente, en el espíritu de tu mente has establecido ciertos niveles de lo que puedes esperar en tu vida. Tienes cierto nivel económico, un tipo de automóvil o de casa propia que puedes poseer, un tipo de ropa que te puedes permitir. Incluso puede que tengas cierto nivel de espiritualidad al que puedas optar, establecido por cómo ves tu relación con Dios.

Muchos piensas que los pastores o sacerdotes tienen un acceso a Dios que ellos nunca tendrán. Ponen una medianía entre ellos mismos y los ministros porque la mayoría de las personas nunca osarían pedirle a Dios algo directamente. La religión nos ha enseñado durante siglos que solo el pastor puede conseguir que Dios le oiga y responda sus oraciones. Esta creencia religiosa mantiene a muchos en atadura y temor, y les impide conocer a Dios personalmente.

A menos que cambies tu manera de pensar, pondrás límites en cada área de tu vida, y seguirás viviendo dentro de esos límites toda tu vida. Cuando tu mente acepta un nivel con el que te encuentras cómodo, de forma natural gravitarás hacia cualquier cosa igual o por debajo de ese nivel. Inconscientemente creas situaciones que te impedirán llegar más alto que tu creencia establecida. ¿Qué ocurriría si pudieras elevar tus creencias, y el nivel de tu vida? ¿Qué pasaría si elevaras tu visión para ver que podrías tener algo mejor, algo más alto?

Dios no te está impidiendo el éxito en la vida. Él quiere que seas sanado, que tengas un gran matrimonio, y que tengas éxito en cada ámbito de la vida. Elimina las mentiras que te limitan y cree que hay más para ti en la vida. ¿Por qué no tú? ¿Por qué no comenzar ahora?

# SIETE

*Ama a Dios, ama a la gente, ¡ÁMATE A TI MISMO!*
—basado en Mateo 22:37-39

## Ámate a ti mismo mientras persigues el cambio

¿Alguna vez has conocido a alguna persona que piensa que Dios está enojado o decepcionado con ella? Podría sorprenderte cuántas personas crecen pensando precisamente eso. Puede que incluso tú seas una de esas personas, alguien que tiene pensamientos como: *Le he fallado al Señor. ¡He hecho demasiadas cosas malas! Le di la espalda a Dios. ¿Por qué me iba a querer Él ahora?* Si creciste con un trasfondo eclesial así y después te alejaste, probablemente te sientas culpable cuando piensas en el Señor. Si creciste en una iglesia denominacional, probablemente sientas que Dios está indignado contigo por las decisiones que has tomado. Si alguien te preguntara: "¿Qué piensa Dios de ti?", quizá tu respuesta sería: "No estoy seguro". El hecho es que Él te ama, que está por ti, y que quiere que experimentes su plan, y su plan y propósito para ti son buenos.

El diablo quiere que pienses que Dios está enojado contigo. Qué mejor manera de impedir que vivas la poderosa vida para la que fuiste creado que poner una barrera entre tú y Dios. Si consigue mantenerte avergonzado o herido, tú nunca podrás recibir la bondad de Dios; por eso debes llevar cautivo todo pensamiento que te aleje de Dios, temor, ira, rencor, ¡todo pensamiento que no sea bíblico!

# Unas palabras de Wendy:
# La maravillosa gracia de Dios

La primera vez que robé fue a los cuatro años. Siendo hija de pastor, mi familia se mudaba cada pocos años, y al ser *la chica nueva*, necesitaba algunas golosinas para dárselas a mi nueva amiguita. Como no tenía dinero, robé las golosinas. Cuando nuestra familia se mudó a otro lugar, de nuevo robé un juguete y se lo di a mi amiguita más nueva. ¿Por qué robaba? Necesitaba algo que darles para caerles bien.

Al recordar esa parte de mi historia, me doy cuenta de que estaba intentando comprar mi entrada: en mis amistades, en el amor y el afecto, y en mi aceptación. Había algo en mí que me hacía sentir que, por mí misma, no tenía nada de valor que ofrecer. No era tímida o débil, pero tenía un sentimiento dentro de mí que me hacía sentir la necesidad de tener más que dar aparte de *quien era yo*.

Cuando miro atrás, puedo ver lo llena que estaba de pensamientos de inferioridad, como: *No soy lo suficientemente buena; No te caigo bien, quien realmente soy, y por eso tengo que darte algo. Tengo que encontrar una manera de llegar a tu corazón.* Aunque me crié en el hogar de un pastor y estaba en la iglesia todas las semanas, seguí robando durante mis años de infancia. No dejé de hacerlo hasta que me convertí, lo cual ocurrió a los diecisiete años. No solo robé mucho, sino que son muchos años edificando sobre la idea de que necesitaba comprar mis amistades.

Cuando me convertí, Dios de inmediato me tocó en lo más profundo de mi alma y me ayudó a reconocer que no tenía que pagar para ser aceptada. Él ya había pagado todo. Cuando miro atrás a ese momento del tiempo, estoy muy agradecida. Yo había intentado ganarme el amor y el afecto durante toda mi vida. Intenté encajar dando cosas, y sin embargo ¡Dios ya me había aceptado! Él me dio el mejor regalo: un amor y una aceptación total.

Una clave importante para renovar tu mente es ser libre de tu pasado. Juan 20:23 dice: "A quienes remitiereis los pecados, les son remitidos; y a quienes se los retuviereis, les son retenidos". Dios quiere que vivas con un espíritu de perdón. El perdón es la clave para cambiar. La libertad viene cuando perdonas, y es una parte vital de tu proceso de renovación. Para muchas personas no es fácil perdonar; de hecho, puede ser totalmente desquiciante, doloroso y difícil. No experimentarás el crecimiento que deseas hasta que no permitas que las heridas del pasado sean liberadas de tu vida.

Todos tenemos asuntos con los que debemos lidiar. Algunos asuntos son personales; algunos tienen que ver con otras personas. Tenemos hábitos y conductas que tenemos que vencer, y para llegar a algún lugar en el proceso de renovación, primero debes perdonarte a ti mismo. Si piensas que Dios está enojado contigo, o si tú estás enojado contigo mismo por tus decisiones del pasado, nunca dejarás atrás esos errores. Marcos 11:25 dice: "Y cuando estéis orando, perdonad, si tenéis algo contra alguno, para que también vuestro Padre que está en los cielos os perdone a vosotros vuestras ofensas". Para perseguir el cambio que quieres en la vida, debes perdonar: *a otros, a ti mismo, y quizá incluso sientas que debes perdonar a Dios.* El perdón no significa que otra persona, o Dios mismo, haya hecho algo mal. El hecho de perdonar a menudo nos ayuda a tratar con los sentimientos de traición o amargura. El perdón no significa que olvides o te sientas mejor al instante: significa que decides avanzar. Sueltas las emociones negativas e intentas avanzar.

# Unas palabras de Wendy:
# No tires la toalla, contigo o con otros

Un verano estábamos en California, y mi madre nos llevaba en auto a un evento. Una de mis amigas venía con nosotros, y mi madre llevaba a un hombre que iba a participar en el evento. Yo no lo conocía, pero en un momento se giró, me miró y dijo: "Hola, Wendy, ¿cómo va tu relación con Jesús?". Yo estaba en octavo grado y llena de rebeldía, especialmente hacia mi mamá. Bueno, imaginé que mi mamá le habría puesto al corriente, ¿verdad? Yo era tan maliciosa que le miré y le dije: "¡No me hable!". Después dije: "Si usted quiere hablar en este auto, ¡hable con mi amiga!", y señalé hacia mi amiga que estaba sentada a mi lado. Sencillamente yo era mezquina.

Lo único que puedo decir es que estoy muy agradecida de que Dios vea más allá de esos momentos, y muy agradecida de que mi mamá, aunque yo era mezquina, orase por mí. Sé que le hacía sentirse mal una y otra vez. Mi mamá podía haberse sentido muy humillada y haberme mirado en ese momento y decir: "Dios mío, Wendy se va a ir al infierno". En verdad yo *estaba* en ese punto.

Dios usó ese momento de mi vida, y ha usado esas mismas ocasiones cuando tú también has estado en tu peor momento, para hablar algo a tu corazón. Vi cómo ese hombre ignoraba mi maldad, miraba a mi amiga y hablaba acerca del amor de Dios. Mientras hablaba, algunas de esas palabras penetraron también en mi corazón. Yo estaba sentada en el auto, tan mezquina como una serpiente, y aun así fui tocada por el amor de Dios.

Años después le pregunté a mi mamá: "¿Quién era ese hombre del auto?". Ella me dijo su nombre y después me dijo: "De hecho, está en una iglesia local ahora mismo, así que ¿por qué no vas a verle?". Yo dije: "¡Lo haré!". Fui a la iglesia y encontré a ese hombre. Le miré a la cara y le dije: "Gracias". Le di las gracias porque no permitió que mi fealdad le impidiese compartir la bondad y el amor de Dios.

Dios me vio. Dios te ve. Incluso durante los peores momentos de tu vida, cuando más mezquino eras, cuando hacías cosas que te avergonzaban, Dios aún te veía. Él se acercaba a ti con su gracia y amor porque eso es lo que Él hace.

Segunda de Corintios 4:16 nos dice: "Por tanto, no desmayamos; antes aunque este nuestro hombre exterior se va desgastando, el interior no obstante se renueva de día en día". Dios no quiere que desmayemos o nos desanimemos por nuestros fallos. Él no nos echa en cara esas cosas y no quiere que nosotros mismos lo hagamos. Continúa trabajando en las cosas que tienes que cambiar en tu vida, y no te desanimes cuando no lo consigas del todo. Más que nada, Él se preocupa por tu corazón. Mateo 15:18-20 nos dice: "Pero lo que sale de la boca, del corazón sale; y esto contamina al hombre. Porque del corazón salen los malos pensamientos… Estas cosas son las que contaminan al hombre".

Mientras enseña a sus discípulos, el Señor está diciendo: "Dejen de preocuparse por todas las reglas y estipulaciones. Dejen de preocuparse por todo lo externo. Su forma de lavarse las manos no le dice nada a Dios; Él no está interesado en eso. Al Señor no le importan las cosas pequeñas… a Él le interesa su corazón".

Nos encanta crear tradiciones. A menudo, las reglas y juicios sobre los que basamos nuestra vida son cosas hechas por hombres y no tienen nada que ver con la persona interior. Esas cosas no tienen nada que ver con tu caminar con Dios o con lo que Él quiere hacer en tu corazón. Dios trata con tu corazón y con los corazones de toda la humanidad. Él no está mirando la condición de la luna, o cómo las estrellas están alineadas. A Él no le importa tu gráfica astrológica ni guarda ciertos días festivos o se postra tres veces mientras dice un conjuro específico. Esos tipos de rituales son meramente distracciones, que te hacen olvidar que la vida sale de tu corazón.

De tu corazón sale tu familia, tu prosperidad y tu vida espiritual; de tu corazón sale tu buen matrimonio y tus relaciones exitosas. Jesús nos dijo que *las cosas que entran por nuestra boca no son nada. Que lo que sale de nuestro corazón es lo que importa.* Es interesante que lo primero que enumera Jesús en Mateo 15:19 tiene que ver con los pensamientos. Él dijo: "Porque del corazón salen los malos pensamientos". Debido al contexto del escrito, Jesús especificó malos pensamientos, pero tenemos que saber que nuestros buenos pensamientos también salen del corazón. Del corazón, del espíritu de tu mente, salen tus pensamientos. Y todo lo que sale de tu corazón controla tu vida.

Romanos 5:8 nos dice: "Mas Dios muestra su amor para con nosotros, en que siendo aún pecadores, Cristo murió por nosotros". Como cristianos, una de las cosas más difíciles de renovar nuestra mente es entender y aceptar el amor de Dios. Es difícil entender cuánto nos ama Dios, que Él nos amó incluso cuando estábamos en nuestro peor momento, y nos sigue amando. Nos salvó mientras estábamos en nuestro peor momento, murió por nosotros cuando no lo merecíamos y éramos ingratos. Él sigue amándonos y perdonándonos, a pesar de nuestras imperfecciones, nuestros fallos y nuestra incredulidad. En tu peor día, Dios te ama.

Quiero decirlo de nuevo: Dios no está enojado contigo. Él te acepta como eres. No puedes intentar hacer que te acepte, porque Él ya lo hace. Dios no tiene reglas sobre cómo debes comportarte para que Él te ame. Él lo hace. No puedes hacer lo suficiente para merecer el amor o la aceptación de Dios. Muchas veces, trabajamos para intentar cambiar y portarnos bien, pero Dios no nos está pidiendo eso. Él ya ha perdonado todos nuestros pecados, todos nuestros errores y todas las promesas rotas. Todo lo que consideras pecaminoso o malo, Cristo ya te lo ha perdonado. De tal manera amó Dios al mundo (incluso a ti) que ha dado a su único Hijo por ti y por mí (Juan 3:16).

Lo triste aquí es que nosotros a menudo nos aferramos a nuestro pasado como algo en contra nuestra o de otros. Intentamos cambiarnos, trabajando para vencer por nosotros mismos los problemas de nuestro pasado, pero eso nunca funciona. No hay nada que puedas hacer para cambiar tu pasado o volver a escribir tu historia. Él no te pide que lo hagas. Gracias a Dios que cuando naciste de nuevo Él borró tu pasado. Eres perdonado, y tu pasado está perdonado.

Salmos 103:12 dice: "Cuanto está lejos el oriente del occidente, hizo alejar de nosotros nuestras rebeliones". Este caminar con Cristo no siempre es fácil. Mientras sigues caminando en la gracia que Dios te ha dado, mantente cimentado en su amor y perdón. No pienses que Dios está enojado contigo. Él te ama y quiere que tengas éxito. Él está por ti. No sé cómo enfatizarlo más: "Si Dios es por nosotros, ¿quién contra nosotros?" (Romanos 8:31).

# OCHO

Os he puesto delante la vida y la muerte, la bendición y la maldición; ESCOGE PUES LA VIDA

—Deuteronomio 30:19

## Decisiones y emociones

Nuestras emociones son un regalo de Dios, pero Dios nunca diseñó las emociones para que dirigieran nuestra vida. Las emociones son demasiado volátiles, cambian con demasiada rapidez. En un momento tus emociones están arriba, y al minuto siguiente están abajo; van oscilando y terminan en algún lugar intermedio. La clave para tus emociones es esta: *Nunca deben estar al mando.*

Tus emociones van detrás de lo que piensas, de lo que crees y de lo que decides. Por desgracia, vivimos en una sociedad donde nos gusta decir: "Voy a hacer lo que sienta que está bien". ¿Qué significa eso? ¿Dónde sientes eso? Tomamos decisiones en base a pensamientos como: *Bueno, ya sabes, siento que es lo correcto para mí. Tengo que ser yo. Estoy cansado de que otras personas me digan lo que tengo que hacer. Tengo que seguir mis emociones.* Entonces, lo que me estás diciendo es esto: *Tus sentimientos están tomando tus decisiones.* Lo único que puedo decir a eso es: *Estás en problemas.*

¿Cuántos matrimonios han fracasado porque alguien sintió tener una aventura amorosa? ¿Cuántos niños no tienen un papá porque alguien sintió seguir con su vida? ¿Cuántas malas decisiones se toman porque hemos seguido nuestras emociones? No sabes lo frecuentemente que he sentido rendirme, y no sabes cuántas veces he sentido no hacer lo correcto. Todos tenemos esos sentimientos, ¡casi a diario! Tener esos sentimientos y actuar en base a ellos son dos cosas distintas.

# Unas palabras de Wendy:
# Ángulos muertos emocionales

Estamos muy cómodos con nuestra depresión. Estamos muy cómodos con nuestra mentalidad de víctima. Nos acostumbramos a nuestra ira, a nuestro sarcasmo y a nuestra tristeza. He hablado con personas que tuvieron una situación triste en su vida, y mientras me contaban su historia, lo sentía mucho por ellos. Entonces les pregunté: ¿cuándo ocurrió eso? Me dijeron que pasó hace veinte años. Aún siguen atrapados en las profundidades de la desesperación y se han introducido en el espíritu de depresión y dolor. Es muy fácil acomodarse al dolor y comenzar a ver todo a través de los ojos de tu dolor.

Así como yo me crié y me acostumbré a ser sarcástica, es mucho más satisfactorio cuando soy amable. En realidad, no hay un buen sentimiento en tu alma cuando tienes emociones negativas. Esas emociones te producen tristeza, desesperación y desánimo en tu vida, y no hay ningún beneficio en tenerlas.

Dios quiere que tomemos un camino de gozo. Él quiere que caminemos por el camino de vivir en paz. Quiere que comencemos a vencer los problemas que hay en nuestras vidas. En vez de eso, nuestros ángulos muertos a menudo nos impiden ver lo que está ocurriendo por dentro. El sarcasmo era astronómico en mi vida. Hablar de manera negativa era tan normal para mí como respirar, pero tuve que tomar una decisión: ¿Quería seguir estando cómoda, o quería encontrar los caminos de Dios? Todos tenemos que tomar una decisión.

No sigas tus sentimientos. Sigue lo que *sabes* que debes hacer y lo que has *escogido* como correcto, y entonces tus emociones seguirán a tu decisión. ¿Cuántas veces comienzas haciendo lo correcto, sin ninguna emoción, o a veces con emociones negativas? Piensas: *Estoy haciendo lo correcto, pero no me estoy divirtiendo.* O piensas: *Estoy haciendo lo que sé que debo hacer, pero no me siento tan bien.* Después del hecho es cuando por lo general comenzarás a sentirte bien por ello. Entonces piensas: *Caramba, me alegro de haber hecho eso.*

No puedo decirte cuántas veces he comenzado a orar sin tener un buen sentimiento. No sentí la unción de la oración a las 6:00 de la mañana mientas me levantaba de la cama. Oré porque era lo correcto. Si me hubieras preguntado: "¿Sientes orar?", mi respuesta habría sido: "No, ¡siento que debo regresar a la cama!". Pero oré igualmente… y leí mi Biblia… y me levanté por la mañana para pasar un tiempo buscando a Dios porque mi alma no sigue a mi carne o mis emociones; mi alma sigue a mi espíritu.

Dios nos hizo seres tripartitos. Estamos hechos de espíritu, alma y cuerpo. Nuestra alma es el factor controlador entre el espíritu y la carne. Tener *mentalidad espiritual* significa que tu alma sigue a tu espíritu. Tener *mentalidad carnal* significa que tu alma va en pos de tu carne. Cuando dejas que tu mente sea negativa o egoísta, cuando permites que las emociones gobiernen, estás dirigido por la carne. Tu alma es el factor decisivo en la ecuación.

Nuestra *alma* es otra de esas áreas en las que a menudo creamos nuestras propias definiciones; pero, si quieres saber la verdad, tienes que ir a la fuente de toda verdad: la Biblia. La Biblia tiene mucho que decir sobre el alma.

"Jesús le dijo: Amarás al Señor tu Dios con todo tu corazón, y con toda tu alma, y con toda tu mente" (Mateo 22:37). Hebreos 4:12 nos dice: "Porque la palabra de Dios es viva y eficaz, y más cortante que toda espada de dos filos; y penetra hasta partir el alma y el espíritu, las coyunturas y los tuétanos, y discierne los pensamientos y las intenciones del corazón".

La Biblia también dice: "Porque el ocuparse de la carne es muerte, pero el ocuparse del Espíritu es vida y paz" (Romanos 8:6). Estos versículos nos dicen que tenemos una decisión que tomar. ¿Se pondrá tu alma de acuerdo con tu espíritu para que tengas vida y paz? ¿O seguirá tu alma a tu cuerpo tomando decisiones carnales que finalmente produzcan muerte? Cuando tu alma sigue a tu espíritu, prosperarás en todas las cosas. Cuando tu alma sigue a tu carne, lucharás continuamente con las fortalezas que gobiernan tu vida.

Pregúntate: "¿Por qué no me levanté esta mañana a leer mi Biblia o a orar?". Si tu respuesta es: "No me apetecía, o no lo sentía", yo diría que estás dejando que tus emociones dirijan tu vida. Estás siendo *dirigido por la carne*. Puede hacerte sentir cómodo durante un tiempo, pero terminarás con resultados que no quisieras tener. Dormir te hace sentir bien en ese momento. Comer las patatas fritas de más sabe bien por un tiempo, pero la carne nunca queda satisfecha, y nunca te satisface a ti.

Recientemente, eran las 6:00 de la mañana y estaba pensando: *Caramba, es sábado por la mañana, y debería dormir un rato más.* No tenía ganas de levantarme, pero he creado el hábito de ser disciplinado. No sigo mis sentimientos; mis sentimientos me siguen a mí. Mi mente y mi voluntad están sometidas a mi espíritu, ¿verdad? Así que me levanté. Hice la cama. Me vestí, comencé a beber agua, tomé algo de proteína, y después de tomarme el café pensé: ¿Cómo me siento? Mi respuesta fue: *Me siento cansado, lento, tambaleante. Siento que debería haber dormido más.*

Pocos minutos después, mi hija Tasha me llamó por teléfono y me dijo: "Papá, ¿qué estás haciendo?". Yo estaba pensando: ¡Son las 6:00 de la mañana! *¿Qué crees que estoy haciendo? ¡Estoy intentando sobrevivir!* No dije eso, ¡pero lo pensé! Ella sabía que Wendy estaba fuera de la ciudad hablando en una conferencia, así que dijo: "¿Quieres que vayamos a las escaleras?". Tenemos un sitio muy bueno para ir a correr subiendo y bajando escaleras cerca de nuestra casa, y regularmente lo usamos para hacer ejercicio. Así que dije: "Sí, vayamos a las escaleras". Si ella hubiera dicho: "¿Te apetece correr por las escaleras?", yo habría dicho: "¡No!". ¡Pero a quién le importa lo que me apetece! Tengo sesenta años. No tengo tiempo para preocuparme de cómo me siento.

Al poco de esto, estábamos los dos subiendo y bajando escaleras, revisando las palpitaciones, subiendo más escaleras, volviendo a revisar el corazón, y subiendo más escaleras. Finalmente regresamos a casa, y de repente pensé: ¡Me siento bien!

¿Sabes lo que habría ocurrido si me hubiera quedado entre las sábanas durmiendo? Me habría levantado a las 9:00 de la mañana. Mi cerebro, nublado de sueño, estaría pensando: ¿Qué día es hoy? Cuando sigues a tu carne, a menudo te sientes peor; pero cuando sigues a tu espíritu y haces lo correcto, lo que es bueno, y lo que es de Dios, te hace sentir bien.

En Filipenses 2:13, en la Nueva Traducción Viviente, dice: "Pues Dios trabaja en ustedes y les da el deseo y el poder para que hagan lo que a él le agrada".

Dios te está vigorizando, creando en ti el anhelo y la capacidad de cumplir tu propósito. ¡Me encanta! Me despierto cada día creyendo que Dios me está vigorizando, creando el poder en mí que necesito para hacer su voluntad. No necesito preguntarme: "¿Cómo me siento?", pues probablemente obtendré la respuesta incorrecta. ¿Me apetece orar? ¿Me apetece estudiar? ¿Me apetece hacer ejercicio? ¿Me apetece comer verdura? Por lo general no me apetecen esas cosas, así que no me lo pregunto.

Smith Wigglesworth, un evangelista que vio muchos milagros, dijo hace años: "Lo que yo sienta es irrelevante. Lo que importa es lo que yo creo". Ese es un buen concepto para apropiarnos de él. Cómo te sientas es irrelevante. Lo importante es lo que crees.

No te preguntes cómo te sientes; pregúntate qué es lo que *crees*. Pregúntate qué piensas según las Escrituras. ¿Cuál crees que es el plan de Dios para tu vida? Dios te está vigorizando, creando en ti el poder y el deseo de hacer su voluntad. Deja de definir tu vida por tus emociones negativas, y en su lugar déjate definir por la energía de Dios en tu alma. Es entonces cuando encontrarás la voluntad de Dios.

"Porque los que son de la carne piensan en las cosas de la carne; pero los que son del Espíritu, en las cosas del Espíritu. Porque el ocuparse de la carne es muerte, pero el ocuparse del Espíritu es vida y paz. Por cuanto los designios de la carne son enemistad contra Dios" (Romanos 8:5-7).

Mirando atrás a mi propia vida, las veces en que peor me sentí y más luché con mi carne fueron las veces en que estaba pensando de forma muy negativa. Mis propios pensamientos me estaban preparando para el desastre. Cuando mantuve mi cabeza en alto, y mis pensamientos estaban alineados con los pensamientos de Dios, pude mantener los deseos negativos a raya y vivir gozosamente en la voluntad de Dios.

Este pasaje del libro de Romanos está hablando a cristianos. El apóstol Pablo no está hablando al mundo cuando dice: "Necesitan tener una mente espiritual si quieren vida y paz de Dios". Como cristiano, tienes que tomar una decisión: puedes tener vida y paz, o puedes tener una mente carnal. Puedes escoger seguir tu carne, ponerte de acuerdo con la mente carnal, o puedes fijar tu mente en las cosas de Dios. La realidad más triste para mí es esta: tú puedes ser totalmente salvo, amar al Señor, estar de camino al cielo, y a la vez vivir una vida mundana y en derrota por estar siguiendo a tu carne. Lo vemos continuamente.

# Unas palabras de Wendy: Su Palabra es nueva cada día

Dios es el mismo ayer, hoy y mañana; y aun así, su Palabra y sus caminos son nuevos cada día. Parece una contradicción. Las Escrituras te dicen que Dios siempre permanecerá igual, y sin embargo, al revelarte su Palabra cada día estás recibiendo la capacidad de verlo a través de unos nuevos ojos. Esa es la gracia de Dios y la obra continua del Espíritu Santo en tu vida. Ese es el Espíritu de Dios moviéndote hacia su voluntad día a día. Su Palabra es nueva cada mañana. Uno no se renueva en un día, en un mes o en un año. Tu caminar cristiano es un proceso continuo desde el día en que eres salvo hasta el día que te vayas al cielo.

Cuando sigues tu carne, piensas en los deseos de tu carne. Cuando sigues las cosas de la carne, estás pensando en tu siguiente comida; estás pensando en lo siguiente que quieres comprar; estás pensando en beber con tus amigos; estás pensando en ir de fiesta y ver a quién te encuentras en el bar; estás pensando en tus deseos carnales. Estás pensando en todas las cosas que no son buenas o piadosas.

Vivir en la carne significa que tus deseos naturales, como la pereza o el egoísmo, controlan tu vida. Vivir en el espíritu significa que eres guiado por el Espíritu Santo, y los deseos que provienen de tu caminar con Dios controlan tu vida. Si eres como yo, probablemente hayas experimentado tanto vivir en la carne como caminar en el espíritu, ¡a veces incluso en el mismo día! En un momento eres espiritual y estás pensando en cómo puedes ser una bendición para otros, y al minuto estás enojado o deprimido y solo pensando en ti mismo. ¿Cómo puedes experimentar ambas conductas en tu vida? La respuesta es simple: tu conducta está directamente ligada a aquello en lo que te enfocas.

Romanos 8:6 comienza con: "Porque el ocuparse de la carne es muerte". Muerte en este contexto significa *estar separado de Dios*. No está hablando sobre la muerte física, sino más bien sobre la muerte que procede de estar desconectado o separado de Dios. La mente carnal produce muerte. Te mantendrá desconectado de la bendición de Dios, de la vida de Dios y del favor de Dios.

Piensa en ello de esta forma: cuando un matrimonio termina, el esposo y la esposa se separan. Ya no son uno. Todo lo que les había unido ahora se separa: su organización en su vida, finanzas, esperanzas y sueños. La muerte ha entrado en la relación matrimonial. Ambos siguen existiendo y continúan con sus vidas, pero el matrimonio está muerto. Ya no hay ninguna conexión significativa. Muchos cristianos continúan con la vida, pero están desconectados de la bendición de Dios. Cuando permitimos que la mente carnal domine nuestra vida, nos separamos de las cosas de Dios.

¿Alguna vez has conocido a una persona y has pensado: "Parece muy enojada"? Te sientes incómodo o intranquilo siempre que interactúas con ella. Sientes un cambio en la atmósfera siempre que entra en una sala. Hebreos 12:15 dice: "... no sea... que brotando alguna raíz de amargura, os estorbe, y por ella muchos sean contaminados". Esa persona es muy probable que trate con una raíz de amargura. Aunque quizá no sepas por qué te sientes incómodo con ella, tiene que ver con el espíritu de su mente.

En la cultura hebrea, la *raíz de amargura* a menudo se refiere a una planta con una raíz venenosa. Parece una planta normal; es muy probable que no veas diferencia alguna en la superficie, pero por debajo hay algo dañino, potencialmente doloroso, a menudo mortal. La amargura también se puede denominar ira, rencor, resentimiento, animosidad u hostilidad. Si se deja crecer, se convierte en el veneno que destruirá tu vida.

Como ocurre con una planta, la raíz de amargura crece por debajo de la superficie; así también, la amargura en tu vida a menudo vive por debajo de la superficie de tu mente; existe sin un pensamiento consciente por tu parte. Mientras vives tu día a día, a menudo no piensas conscientemente en las personas y situaciones que te han herido o te han provocado dolor. La mayoría no pensamos en las heridas y los dolores emocionales de nuestro pasado, pero con frecuencia tenemos una raíz de dolor, ira y amargura creciendo por debajo de la superficie de nuestra vida.

Una raíz de amargura, si no se atiende, finalmente brotará y destruirá tu vida. Todos lo hemos visto ocurrir, ¿no es así? La gente que es gruñona y amarga. Has oído de personas que viven durante años con ira y rencor, y entonces un día se mueren de un ataque al corazón. Algunos de los que acaban viviendo solos, sin familia ni amigos, han terminado con todas sus relaciones, y es debido a que no soltaron la amargura. El espíritu de su mente estaba enojado y herido.

Hechos 8:23 dice: "porque en hiel de amargura y en prisión de maldad veo que estás". Las personas que viven con una raíz de amargura no pueden entender por qué están enfermos, por qué no pueden vencer los problemas o por qué se sienten drenados todo el tiempo. Se preguntan dónde se ha ido su pasión por la vida. No entienden por qué la gente nunca tiene tiempo para ellos y siempre están ocupados cuando les llaman. La raíz de amargura está destruyendo sus vidas.

Así como la raíz de amargura destruirá tu vida, también lo hará cualquier emoción negativa a la que se le haya permitido controlar tu conducta. Esas emociones, que viven debajo de la superficie de tu conciencia, afectan al espíritu de tu mente, influyen en cada decisión, y te hacer decir y hacer cosas que no quieres decir ni hacer.

La raíz de amargura o ira es tan solo una de las emociones que nos atan. ¿Qué hay de la raíz de temor, depresión o preocupación? ¿Cuántos lidian con un espíritu de temor que deja totalmente incapacitado? Terminan tan atados por el temor y la ansiedad que no pueden seguir operando normalmente. No pueden salir de su casa, mantener un trabajo o atender las funciones familiares. Se están perdiendo todo lo que la vida tiene para ofrecerles porque una honda raíz de temor se ha adueñado de sus emociones. El temor a la gente, o a volar, o a conducir es a menudo parte de las raíces de nuestra mente: el espíritu de la mente.

En nuestro mundo de hoy, permitir la ira y la disputa, y luchar por controlar nuestros pensamientos y acciones se ha convertido en una nueva norma. Piensa en ello. Muchos están combatiendo luchas raciales, luchas sociales, luchas nacionales e internacionales. Estamos luchando en el Medio Oriente, luchando en África, y luchando contra el terrorismo en todo el mundo. ¿Por qué hay esta lucha constante? Porque no hay paz. Quizá pienses: *Bueno, por supuesto, estamos luchando porque no hay paz.* No, porque *no hay paz* es que estamos luchando.

La ira hacia los demás sale de un corazón donde *no hay paz*. Tristemente, a nuestros programas de televisión y otros medios de comunicación les encanta una buena pelea. ¿Cuántos programas están basados en la lucha y las peleas? Tenemos de todo, desde *Divorce Court* hasta *Jerry Springer* pasando por el infeliz *Housewives*, y son bienvenidos a nuestros hogares cada noche de la semana. ¿Cómo podemos tratar de manera piadosa con el enfado del conductor y la ira descarada cuando la hostilidad está siendo modelada como un método aceptable de comunicación?

El racismo viene de un corazón *sin paz*. Las luchas entre tribus y naciones vienen de personas que *no tienen paz*. La depresión es el resultado de una vida *sin paz*. El consumo de alcohol y drogas, de las que se usan para manejar tus emociones y ayudarte a que te sientas mejor, viene de un corazón que *no tiene paz*.

Tristemente, las drogas y el alcohol nunca te darán la verdadera paz interior. Una vida *sin paz* a menudo está rodeada de las *cosas* externas que producen un sentimiento de falsa paz. El materialismo extravagante, consumo de sustancias o una búsqueda diaria de algo que nos haga sentir mejor a menudo suele ser el resultado de una falta de paz.

Mientras caminaba por el centro de Seattle recientemente, pensé: *Quizá hace demasiado tiempo que soy cristiano. Fui salvo hace tanto tiempo que ni siquiera sé lo que está ocurriendo en el mundo.* Mientras caminaba, observé que la gente iba fumando hierba por la acera. Alguien me dijo: "Oye, ¿quieres comprar un poco de hierba?".

Yo le dije: "Verá… soy pastor".

Él me volvió a decir: "¿Quieres comprar hierba?".

Me reí y respondí: "No, gracias". ¡Yo he estado ahí y he hecho eso! Tengo algo mejor. No necesito comprarlo, no necesito fumarlo, no necesito comerlo. He encontrado algo mejor. Si tú no tienes paz, intentarás comprar algo, fumar algo, o beber algo que te ayude a sentirte bien por un rato.

¿Cuántas veces intentamos llenar nuestra necesidad de paz con una nueva relación, un hobby o incluso una nueva carrera? Rodeamos la necesidad de la paz de Dios, una necesidad que está clamando en nuestro corazón, con una respuesta natural. Intentamos reemplazar nuestra necesidad espiritual por una satisfacción carnal, y aun así, por mucho que lo intentamos, *no encontramos paz.*

Isaías 26:3 dice: "Tú guardarás en completa paz a aquel cuyo pensamiento en ti persevera; porque en ti ha confiado". Me encanta este versículo; Él nos guardará en paz cuan*do nuestra mente esté bien con Él.* La mente espiritual está llena de vida y paz. No necesitas medicarte cuando tienes la mente de Cristo. El apóstol Pablo escribió: "Por nada estéis afanosos, sino sean conocidas vuestras peticiones delante de Dios en toda oración y ruego, con acción de gracias. Y la paz de Dios, que sobrepasa todo entendimiento, guardará vuestros corazones y vuestros pensamientos en Cristo Jesús" (Filipenses 4:6-7).

Si consigues someter tu mente y tus emociones a tu espíritu, vivirás en la paz de Dios. ¿Cómo cambiaría tu mundo si pudieras en verdad conocer la paz de Dios? No estoy diciendo que será rápido o fácil. Nada que valga la pena sucede de la noche a la mañana; pero si puedes cambiar un pensamiento, cambiarás tu vida para siempre.

Cuando mantienes tu mente fija y enfocada en Él, puedes vivir en perfecta paz. No dejes que ese viejo espíritu de tu mente se levante. No permitas que la manera de siempre, la manera cultural, *la manera en la que siempre se ha hecho* te controle. Vivir por tus emociones significa que tus deseos carnales controlan tu vida. Vivir en el espíritu significa que la paz de Dios controla tu vida.

Permitir que tu mente se enfoque en las cosas de la carne siempre producirá una conducta mundana y negativa, y tus emociones estarán descontroladas porque harás lo que *sientas* hacer. Cuando pones tu mente en las cosas del espíritu, alcanzas un nivel de vida más alto; haces las cosas que causan que tu caminar con Dios florezca, y eres una bendición para quienes te rodean.

Mirando a mi propia vida, cuando peor me siento y cuando más lucho con la carne es cuando estoy teniendo los peores pensamientos. Mis propios pensamientos están preparándome para el desastre. Cuando mantengo mi cabeza alta, y mis pensamientos están alineados con los pensamientos de Dios, mantengo a raya los deseos malos y vivo con la paz y la bendición de Dios.

El cambio que deseas en tu forma de sentir comienza en tu mente. Si puedes enfocar tus pensamientos en los pensamientos de Dios, comenzarás a sentir la paz de Dios. A medida que su paz guarda tu corazón y tu mente, no necesitarás la bebida, fumar droga o el tranquilizante para encontrar la paz. Incluso gran parte de la televisión que vemos o los deportes que vemos es tan solo un intento por ignorar la realidad de nuestra vida. Vas al partido para no tener que pensar en los asuntos de tu trabajo, de tu matrimonio o de tu economía.

Piensa en todas las cosas que haces porque estás nervioso, frustrado, estresado o deprimido. ¿Qué haces cuando esas emociones negativas comienzan a tomar el control de tu mente? ¿Comienzas a buscar maneras de medicar tu incomodidad? Si pudieras hacer cambios en esas áreas de tu vida y tener paz con ellas, no necesitarías la distracción que el mundo te ofrece cada día. No necesitarías la cerveza para evadirte de tus sentimientos normales, y no necesitarías el analgésico para tratar con el dolor de tu realidad.

Jesús es llamado el *Príncipe de paz*, y el Espíritu Santo nos dirige mediante la *paz de Dios en nuestro corazón*. Si estás agitado, confundido y frustrado todo el tiempo, es imposible sentir la paz de Dios. Comienzas a buscar sustitutos de la paz y pseudo suplementos para llenar el vacío. Medicas tu dolor con un novio que realmente no te gusta, con comida rápida que no deberías comer, o con horas de televisión que no deberías ver. Cuando te quieres dar cuenta, estás bebiendo demasiado y viendo cómo se deteriora tu salud o tu carrera, todo porque no tienes la paz de Dios para guardar tu corazón.

La paz de Dios es real. Está disponible para todo aquel que la busca, y marcará una diferencia práctica en tu vida cotidiana. La persona que está enojada en su auto por la autopista, el tipo en el trabajo que siempre está gruñendo, el vecino que está demasiado triste para quitarse el pijama y salir, o el empresario que piensa que el siguiente millón de dólares le hará feliz, todos ellos están buscando paz. Lo que hacen no les está funcionando. Tras cuarenta, cincuenta o sesenta años de ese tipo de vida estarán quemados, estresados o serán adictos a algo. ¡Dios tiene un plan mejor!

Mientras sigues en tu camino de renovación, sé consciente de las cosas que haces para encontrar paz en tu vida o para evitar el dolor que sientes. ¿Cuáles son algunos de los pensamientos que crean agitación en tu vida? Al enfocar tus pensamientos en las promesas de Dios y comenzar a sentir la paz de Dios, todas esas otras cosas serán cada vez menos importantes. No necesitarás evitar tu realidad porque no es tan mala. Los cambios en tus pensamientos se convertirán en los cambios de estilo de vida que verás en tu trabajo, en tus relaciones y a lo largo de cada día. ¡La vida y la paz de Dios son algo maravilloso!

# NUEVE

Según piensa en su corazón, tal es el.

—Proverbios 23:7

## Si crees que puedes, o si crees que no puedes

Si piensas que puedes, puedes. Si piensas que no puedes, no puedes. Es bastante sencillo. Si en lo profundo de tu corazón piensas que *puedes* hacer algo, estás en lo cierto. Si honestamente piensas que *no puedes* hacerlo, también vas a estar en lo cierto. Esto se debe a que tus pensamientos se convierten en tus creencias, y tus creencias crean tu estilo de vida. ¿Crees que puedes crecer, prosperar y tener paz? ¿Crees que puedes tener gozo, encontrar amor y disfrutar de amistades duraderas? ¿Realmente crees que puedes? Entonces, puedes.

Si no haces nada, la sociedad, la escuela pública y los medios llenarán tu mente con pensamientos negativos. El mundo, desatado y sin filtrar, llenará tu mente con pensamientos equivocados. A los diecinueve años, mi mente me llevaba por un camino oscuro y destructivo. Me vi atascado en un oscuro agujero y no podía ver ninguna salida. Llegó un punto en que recuerdo que mi madre me puso en alerta de suicidio. Así de preocupada estaba. Yo no tenía esperanza. Tan solo quería morir. No podía ver ninguna otra salida de aquello en lo que se había convertido mi vida.

La Biblia nos enseña en Proverbios 13:12: "La esperanza que se demora es tormento del corazón", y en Proverbios 29:18: "Sin profecía el pueblo se desenfrena". Cuando no vemos una salida a nuestros problemas, nos enfermamos y desesperamos, y "nos desenfrenamos". Ni siquiera lo volvemos a intentar. No nos importa si nos hacemos daño a nosotros mismos, porque no podemos ver una luz al final del túnel. Yo llegué al punto de pensar que estaría atascado para siempre en mi vida negativa, y que no había esperanza de poder escapar de ella.

Creo que hay muchas personas que se podrán identificar con mi historia. Quizá tú estés atascado en un trabajo negativo o te sientas atrapado en una mala relación. Tal vez estés sumido en una cantidad tremenda de deuda, o tan solo no puedas ver cómo salir de la presión. Yo estaba atascado en una vida de amigos negativos, padres divorciados y baja autoestima, y mi respuesta era medicar el dolor. Mi respuesta era: "Evitemos la realidad. Cuanto menos tiempo tenga que estar despierto, menos tiempo tendré para pensar en todas las cosas negativas de la vida".

Quizá tú estés como yo estaba. Esa persona que está intentando medicar el dolor de su realidad. Por desgracia, todos mis esfuerzos no hicieron otra cosa que provocar más problemas, una larga lista de multas por conducción temeraria, entradas y salidas de la cárcel, libertad condicional, y la cosa seguía empeorando cada vez más. Estaba atascado en una vida que iba de mal en peor.

Un día, mi padre me dejó en una casa en el 421 Jackson Street, en Seattle, WA. Era una casa vieja, y ahora es un monumento histórico, con una placa bonita en la puerta frontal. En 1974 se había convertido en un centro de rehabilitación de drogadictos. Nunca olvidaré la primera vez que subí por esos peldaños frontales. Al otro lado de la puerta había un hombre que cambiaría mi vida para siempre.

¿Has estado alguna vez en un lugar donde está tan oscuro que no hay nada que puedas esperar, un lugar donde no hay luz al final del túnel? Ahí es donde yo estaba el día que entré en el centro de rehabilitación de drogas de Washington. Mi peor día fue el comienzo de mis mejores días.

Ese día, Julius me dijo: "Gran pelirrojo, tú puedes cambiar". Julius Young era el fundador y director de WDRC. En ese momento, creía con todo mi corazón que estaba atascado en la vida que yo había creado: no podía estar sano, no podía ser fuerte, no podía vencer mis adicciones y no podía salir de la libertad condicional. Por mucho que lo intentara, no podía salir del ciclo de destrucción en el que estaba. No podía conseguir un empleo, no podía avanzar y no podía ganar.

No creía que podía hacerlo, pero cuando Julius me dijo esas palabras, *le* creí. Pensé: *Bueno, quizá tiene una poción secreta, o quizá me va a conectar con algo.* No creía que yo pudiera hacerlo, pero creí en él. Conoces el sentimiento. Vas a la iglesia y estás muy estresado, pero crees en algo que dice el predicador y recibes un destello de esperanza. Ese es tu comienzo. Un pensamiento comenzó algo nuevo en tu vida, así como un pensamiento cambió mi vida ese día.

Había sido arrestado tantas veces, que me despertaba en la cárcel y le preguntaba a alguien: "¿Por qué estoy aquí?". Sigo contándote mi historia porque quiero que te des cuenta de que tu matrimonio puede cambiar, tu salud puede cambiar, y tus finanzas pueden cambiar. Si yo pude pasar de ser alguien sin esperanza y nada que me funcionara a ser quien soy hoy, todo por un pensamiento, tú también puedes cambiar.

La mayoría tenemos varios pensamientos de *no puedo. No puedo llegar a la iglesia a tiempo. No puedo con todo lo que ocurre en mi familia. No puedo salir de la deuda. No puedo perder peso. No puedo...* ¿Qué pasaría si pudiéramos entrar en tu cerebro y quitar todo el pensamiento negativo? ¿No sería eso maravilloso? Como la *cirugía de renovación de cerebro* es imposible, ¿qué otra cosa vas a hacer para deshacerte de todos esos pensamientos del tipo *no puedo?*

Decir "no puedo" es a menudo solo una excusa. ¿Cuántos solíamos decir: "No puedo porque soy demasiado joven?". Ahora decimos: "No puedo porque soy demasiado viejo". Suena divertido. Realmente no importa cuál sea tu edad; es tu manera de pensar lo que te limita continuamente para lograr todo lo que podrías. Permites que todas tus excusas sobre tu edad, tu género o tu nacionalidad te saquen de la carrera.

¿Qué hay del pensamiento: *No puedo porque no tengo tiempo? No tengo tiempo para hacer ejercicio. No tengo tiempo para orar. No tengo tiempo para leer la Biblia. No tengo tiempo para hablar con mi familia. No tengo tiempo para...* Ese pensamiento es una mentira. Tienes la misma cantidad de tiempo que todos los demás. Se trata de cómo estás usando el tiempo que tienes. Examina cómo empleas el tiempo que tienes ahora, y después rétate a hacer los ajustes que sean necesarios.

¿Qué tal con el pensamiento: *No lo siento? No siento comer sano. No siento ir a la iglesia. No siento servir. No siento ir al gimnasio.* ¿Qué decir del temor? *Me da miedo lo que está ocurriendo con la economía. No sé si debo viajar según se están poniendo las cosas. No sé si mis hijos tendrán éxito.* Tienes que sacar de tu mente todos esos pensamientos de temor. La Biblia nos dice: "Porque no nos ha dado Dios espíritu de cobardía, sino de poder, de amor y de dominio propio" (2 Timoteo 1:7). No dejes que el temor controle tu mente.

¿Qué decir de la *ira*? ¿Alguna vez has dicho cosas como: "Estoy tan enojado que podría gritar", "Estoy tan enfadado que podría escupir", y "Me siento tan dolido que quizá nunca lo supere"? Cada emoción negativa viene de un ejército de pensamientos negativos. ¿Qué ocurriría si pudiéramos entrar y sacar esos pensamientos? ¿Lo harías si pudieras? Creo que sí. Pero no es fácil, ¿cierto?

En el libro de Deuteronomio, Dios dice que Él nos pone delante la vida y la muerte, la bendición y la maldición, y nos recomienda enérgicamente que escojamos la vida (Deuteronomio 30:19). Él siempre nos ha dado la opción: escoger sus caminos o los caminos del mundo. Él te está diciendo que para deshacerte de esos pensamientos negativos tienes que hacer un esfuerzo consciente. Tienes que escoger.

Tienes que decidir: *No voy a pensar en ese temor. No voy a ir por ese camino de ira en mi mente. No voy a seguir teniendo pensamientos de amargura.* Tú tienes la capacidad de decidir: *No voy a seguir pensando que no tengo tiempo, o que no lo siento.* Tienes la opción de mantener ese pensamiento fuera de tu mente.

Dios te ha dado la capacidad de demandar de ti mismo: *No iré allí en mi mente.* No es un evento semanal, mensual o anual, sino una disciplina diaria. Si realmente piensas en ello, ya sabes cómo hacerlo. Ya lo has hecho en algún momento. Piensa por un instante en los pensamientos sobre los que ya has tomado autoridad. Fue y aún es una decisión que debes tomar. Nadie más puede hacerlo por ti, es *tu* decisión.

La manera en que tomas control de los pensamientos negativos es decidiendo reemplazarlos por pensamientos de Dios. Por ejemplo, cuando te sientes airado por una situación, introduce en tu mente pensamientos sobre el *perdón*. ¿Cómo *pones* pensamientos de perdón en tu mente? Haciendo lo que la Biblia dice. Lucas 11:4 dice: "Y perdónanos nuestros pecados, porque también nosotros perdonamos a todos los que nos deben". Al meditar en estas palabras piadosas, ora por perdón, para ti y para otros, y después actúa en base a ese perdón en tu vida. La renovación es reemplazar pensamientos negativos por los de Dios, los viejos pensamientos por los nuevos.

No solo puedes vivir con el perdón de Dios de tus pecados, sino que también puedes renovar tu pensamiento para tener el perdón como parte de tu futuro. Quizá preguntes: "Espera, ¿quieres decir que puedo perdonar incluso antes de que suceda un problema?". Sí, creo que puedes. Al orar cada mañana: "Señor, perdóname, como yo perdono a los que pecan contra mí", estás perdonando cualquier cosa que pueda surgir durante el día que tienes por delante. Puedes tener perdón en tu mente antes de necesitarlo. Estás creando una mentalidad de perdón. Te estás convirtiendo en una persona que responde con perdón porque eso es parte de quien eres.

Cuando alguien te dice: "Siento haberte hecho eso", tu primera respuesta será: "Está bien. Ya te he perdonado". Esa es tu mentalidad, tu actitud, y esa es tu forma de pensar. Cuando tu mente es renovada por la manera de pensar de Dios sobre el perdón, piensas en el *perdón*. No estás enojado. No vas por ahí enfadado todo el tiempo. No tienes que decir: "Has herido mis sentimientos", y después aferrarte a sentimientos negativos. Tú *ya* los has perdonado. En vez de desanimarnos e intentar vengarnos, aprendamos a no decaer. Mantén tu mente en Él.

¿Y si hablamos de tus pensamientos de temor y ansiedad, todos tus *no puedo*, y de poner en su lugar pensamientos llenos de fe en tu mente? La Biblia dice: "Pero sin fe es imposible agradar a Dios; porque es necesario que el que se acerca a Dios crea que le hay, y que es galardonador de los que le buscan" (Hebreos 11:6).

*Sin fe es imposible agradarle.* ¿Tienes fe en tu mente? ¿Hay pensamientos basados en la fe que llenan tu mente? ¿Y pensamientos de paz o el gozo del Señor? Si puedes decir *sí*, entonces diría que estás en el proceso de tener una mente renovada.

Aquello con que llenas tu mente diariamente controlará tu capacidad, y el nivel, para poder deshacerte de tus pensamientos negativos. "El hombre bueno, del buen tesoro del corazón saca buenas cosas; y el hombre malo, del mal tesoro saca malas cosas" (Mateo 12:35). A medida que almacenas los buenos tesoros de la Palabra de Dios en tu corazón y tu mente, sacarás esas buenas cosas en tu vida.

# Unas palabras de Wendy: El temor al fracaso

Cuando era joven, todos me llamaban la *madrecita*. Siempre me gustó cuidar bebés y trabajar con niños, así que cuando Casey y yo nos casamos, por supuesto que lo primero que mi familia dijo fue: "¿Cuándo vas a tener hijos?". Estábamos muy involucrados en el programa de rehabilitación de drogas donde Casey se había graduado, así que la mayoría de nuestros mejores amigos eran graduados del programa.

Debido a las historias de ellos, todos nuestros amigos tenían la perspectiva de que no era posible criar hijos que no terminaran siendo arrestados, tomando drogas y haciendo daño a la gente. Cuando comenzamos nuestro matrimonio, el pensamiento prevaleciente en mi mundo era: ¡No deberías tener hijos!

Las personas más cercanas a ti quizá estén diciendo cosas como: "Tú no puedes comenzar una empresa; es demasiado arriesgado". "No puedes ir a la universidad; nunca tendrías dinero para pagarlo, y tampoco necesitas ese trozo de papel". "Deberías casarte con él; ¿quién más te lo va a pedir?". Al conformarte con menos de lo que tu corazón desea, estás derrotado antes de comenzar.

Aunque el deseo más hondo de mi corazón era tener hijos, en ese entorno mi visión de ser mamá quedaba destrozado tras cada conversación. Me decían: "Es imposible educar buenos hijos. Se harán drogadictos. No servirán al Señor, ¡y terminarán odiándote!". Sin lugar a duda, mi rebelión contra mi madre cuando yo era adolescente cimentó mi pensamiento negativo.

Casey sabía que tener hijos era el sueño de mi futuro, así que a menudo hablábamos sobre comenzar una familia. Nos preguntábamos si sería posible que nosotros educáramos a buenos hijos. El diablo había venido a robar ese sueño, y por eso la respuesta siempre era: "Sí, no creo que podamos".

Un día me quedé devastada por un comentario que alguien me había hecho sobre otro tema, e hice lo único que sabía hacer. Me fui a casa y comencé a orar. A veces, lo único que podemos hacer es tener una conversación con Dios. Las respuestas que necesitas no vendrán de leer un montón de posts de Twitter, de mirar en Instagram o de llamar a un amigo.

Mientras oraba por esa otra situación, hice algo que era muy poco común para mí. Le pregunté a Dios si había algo que no estaba haciendo y que Él hubiera planeado para mi futuro. No sé por qué ni siquiera hice esa pregunta, pero la hice, y enseguida le oí decir alto y claro: "Tener hijos".

¡Me quedé perpleja! Después sentí mucha paz. Cuando Casey llegó a casa esa noche, le dije: "Casey, siento que Dios me habló sobre tener hijos", y él me miró y dijo algo que creo que fue la Palabra del Señor para nosotros. Dijo: "Yo creo que vamos a tener dos hijos y una hija". Hoy, tenemos dos hijos y una hija.

Sería bonito decir que todo fue fácil después de eso. Vencer algo que has creído que nunca podrías tener no es fácil. Tuvimos que encontrar promesas en la Palabra de Dios mientras renovábamos nuestra mente en cuanto a esta nueva aventura. Llevábamos casados siete años antes de tener hijos, así que los viejos pensamientos no desaparecieron enseguida. Al comenzar a leer la Palabra y buscar al Espíritu de Dios, recibimos su sabiduría y fortaleza. Para que este nuevo capítulo de nuestra vida tuviera éxito, sabíamos que teníamos que ser fuertes en Él. Comenzamos a quitar los viejos pensamientos mundanos y reemplazarlos por pensamientos de Dios.

Nuestros hijos ahora son adultos. Aman a Dios. No se metieron en drogas. No fueron hijos perfectos, pero no hicieron ninguna de las cosas que yo tenía tanto miedo que hicieran. Fueron niños normales. Tuvieron problemas normales, y ahora son adultos normales.

Posiblemente Dios tiene algo nuevo en tu futuro, pero has permitido que tus dudas y los *no puedo* controlen tu pensamiento hasta que se ha convertido en una voz alta y clara que resuena en tu cabeza. Te animo a acallar esa voz alta y clara y a preguntarle a Dios: "¿Hay algo en mi vida que no estoy haciendo hoy y que tú hayas planeado para mí?". Podría ser el comienzo de la oportunidad con la que has estado soñando.

Siembra intencionalmente pensamientos positivos y piadosos en tu corazón. Permite que tu mente se llene de buenos pensamientos, de pensamientos bíblicos, de pensamientos del Espíritu Santo; y siempre mantén al frente de tu mente esos pensamientos inspirados por Dios y que dan vida. La verdad de la Palabra de Dios debe ser el fundamento de tus patrones de pensamiento. Tus pensamientos *favoritos* deben estar basados en la verdad y no solo en cómo te sientes o las circunstancias que te rodean.

Sueña con lo que Dios tiene para ti. Lleva cautivos los pensamientos negativos visualizando todo lo que Dios tiene para ti. Visualízate como la persona que quieres ser. En vez de repetir lo que no quieres, piensa en lo que sí quieres. Cree que estás posicionado para recibir lo mejor de Dios para esta época de tu vida. Tienes un futuro maravilloso por delante de ti. Dios tiene mucho más para ti. Cuando pongas la verdad de Dios en tu mente, pensando y meditando en ella, no solo encontrarás la vida más alta que has estado buscando, sino que también te convertirás en la persona que siempre has querido ser.

# DIEZ

*Poned la mira en las cosas de arriba, no en las de la tierra.*

—Colosenses 3:2

## Pon tu mente en las cosas de arriba

¿Qué significa *buscar* algo? ¿Recuerdas cuando no podías encontrar las llaves de tu auto? Comienza la búsqueda, las estás buscando, ¿cierto? Es ese momento en el que estás intentando prepararte para salir, pero no puedes encontrar a tu hijo porque se fue con los hijos de tus vecinos. Le estás buscando. Quieres ponerte tu blusa favorita, pero no recuerdas si está en la lavandería, en el armario, o si una de tus hijas *favoritas* la tomó prestada. Ahora la estás buscando. Estás enfocado, buscando por todos lados.

Estos versículos en Colosenses nos están diciendo: *Si has nacido de nuevo y estás sentado con Cristo, tienes que buscar las cosas que están arriba.* ¿Qué significa buscar las cosas de Dios? Perseguir las cosas de Dios como persigues las llaves de tu auto. Haz el mismo esfuerzo con las cosas de Dios que haces cuando pones la casa patas arriba buscando la blusa. ¿Persigues a Dios con esa misma pasión, o tienes la actitud que dice: "Si Dios quiere que tenga más, ya me lo dará"?

Tristemente, creo que la mayoría de nosotros en la iglesia estamos bastante relajados en nuestra actitud hacia las cosas de Dios. Es una especie de enfoque *inestable*. Generalmente hablando, en la iglesia la idea es: *Bueno, si Dios quiere que lo tenga, Él me lo dará.* No funciona así. Se supone que debemos buscar. Los que tienen hambre y sed serán llenos.

La mayoría de los hombres sabemos buscar, ¿no es así? Por ejemplo, estás emocionado con tu auto, así que compras revistas, vas a los concesionarios y hablas con tus amigos de él. Estás en la tienda, buscando las piezas que necesitas. Intentas encontrar el color exacto, las ruedas y las llantas mejores y las partes cromadas. Pasas tiempo buscando lo que quieres porque estás emocionado con ello; es importante para ti.

¿Qué decir de la temporada de caza? A medida que se acerca la temporada, los cazadores ya están buscando. Empiezas a preparar tu camuflaje y a sacar la munición que tienes guardada. Lees los mapas y buscas los informes del tiempo. Estás en línea, viendo las noticias. Comienzas a apilar tus materiales mientras ves todos los programas de caza. ¡Estás buscándolo porque lo quieres! Estás emocionado con ello.

¿Qué buscan las mujeres? Escriben las fechas en su calendario de las grandes rebajas que solo hay dos veces al año. Comienzas a buscar desde meses antes el vestido para ese evento especial. Comienzas a planificar, comprar y preparar todos los detalles para esa fiesta especial. ¿Qué decir de buscar al Príncipe Azul? Sí, ¡lo estás buscando! No me digas que no sabes cómo buscar. Pero, ¿buscas las cosas de arriba? Todos buscamos las cosas que valoramos, ¿estás buscando a Dios y todos los pensamientos de Dios?

¿Planificas tu agenda incluyendo dedicar tiempo a las cosas de Dios? ¿Buscas tiempo para orar y apartas tiempos para la Palabra? ¿Te emociona adorar e ir a la iglesia? ¿Dedicas tiempo y atención a las cosas de Dios? ¿O lo desechas, pensando: *Yo no tengo tiempo para todo eso*?

Dios quiere que tu corazón se involucre con su Palabra, en adoración y en oración. Quiere que sigas leyendo las Escrituras; quiere que te levantes por la mañana y comiences el día con Él, hablando, orando y confesando la Palabra, involucrándolo a Él en tu vida. Estoy hablando de buscar de verdad, de tener el deseo de saber qué quiere Dios. Cuando verdaderamente quieres aprender, haces lo que sea necesario.

La Biblia dice en Mateo 3:11: "él [Jesús] os bautizará en Espíritu Santo y fuego". Él nos ha bautizado con el Espíritu Santo ¡y *fuego!* Si has nacido de nuevo y estás lleno del Espíritu Santo, tienes el fuego de Dios dentro de ti. ¡El fuego no es pasivo! Te hace levantarte y moverte. Te hace ser *caliente*.

Es posible estar lleno de pasión por las cosas de Dios. Si buscas una chispa de emoción en tu futuro, la encontrarás. ¿Te sientes inspirado al mirar hacia delante? Dios te creó para vivir una vida llena de inspiración y pasión. Te creó para vivir con fuego.

En Apocalipsis 3:16, Jesús dice: "Pero por cuanto eres tibio, y no frío ni caliente, te vomitaré de mi boca". Lo último que quiero que Jesús me llame es ¡tibio! Él no quiere que tú seas tibio, ¡sino caliente! Él quiere que te apasiones, que te emociones y te inspires con su Palabra y todo lo que Él está haciendo en ti. Él quiere que te emociones con tu vida. ¿Qué tipo de fuego hay en tu vida? Sin pasión por las cosas de Dios, nunca tendrás la plenitud de Dios actuando en tu vida. La tendrás cuando la busques; no te caerá encima, pero está disponible para todos aquellos que buscan las cosas de arriba.

Buscar significa *fijar tu mente* de una forma nueva. Eso significa que quizá tengas que trasladar tu atención de esas áreas que no te han aportado buenos resultados a cosas nuevas. La verdad es que si tus pensamientos no están puestos en las cosas de arriba, siempre estarán puestos en las cosas de este mundo.

Tendemos a pensar que los malos pensamientos son los que están enfocados en los pecados *realmente malos*, pensamientos de comprometer tu integridad mintiendo, engañando o el pecado sexual. Tus pensamientos negativos podrían venir del egocentrismo, avaricia o pereza. Para la mayoría de personas, los malos pensamientos que más daño les hacen son pensamientos como: *Ya no me importa. Abandono. No me importa. No va a funcionar.* Cuando te enfocas en este tipo de pensamientos, permites que la duda, el temor y la negatividad controlen tu mente. Por eso Pablo nos dijo: "Poned la mira en las cosas de arriba, no en las de la tierra". Depende de ti. Es tu decisión. Usando el libre albedrío que Dios te dio, puedes poner tu mente en los buenos pensamientos.

Aunque yo lo creo, depende de *ti* creer que puedes poner tu mente donde quieras que esté, donde Dios quiere que esté. ¿Es fácil? ¡No! Aún estoy trabajando en ello, y después de cuarenta años de practicarlo, he visto que funciona. Te puedo decir, sin embargo, que la primera vez que leí este versículo a poco de ser cristiano, pensé: *¡Eso es imposible! ¿Quieres que ponga mi mente en las cosas de arriba? No, no, eso no ocurrirá.*

Recuerdo claramente cuando Julius me dijo: "Casey, si pudieras controlar tu mente por un minuto, estarías por encima de la media". Hoy puedo hacerlo unos cincuenta segundos. Estoy bromeando… ¡creo! La razón por la que es tan difícil para la persona promedio controlar sus pensamientos son los hábitos profundamente arraigados que ha desarrollado. Desde que nacemos, desarrollamos ciertas rutinas, o patrones de pensamiento, que por lo general incluyen bastante temor, duda y otros pensamientos negativos. Poner tu mente en las cosas de arriba y no dejarte llevar nunca por lo negativo no es tarea fácil

Recientemente escuché a alguien hablar sobre una nueva forma revolucionaria de hacer ejercicio. Su teoría mantiene que la clave para un ejercicio exitoso son los intervalos intensos. Lo llaman *entrenamiento de intervalo*. El plan es correr a tope, lo más rápido que puedas, durante dos minutos. Después te detienes, trotas a paso firme durante un minuto y después corres lo más rápido que puedas durante otros dos minutos. Ahora mismo yo no podría correr así ni un segundo, ¡mucho menos durante dos minutos! Correr a tope lo más rápido que pueda durante dos minutos. ¡Ni hablar!

Quizá tú estés en el mismo barco. ¡Es imposible correr a tope durante dos minutos! Quizá pienses: *Para mí es imposible hacer eso.* La verdad es que si empiezas donde estés, finalmente *puedes* hacerlo. Ahora mismo, caminar una milla sería demasiado para ti. ¿Qué tal si comenzaras con una meta razonable y no dejaras de hacerlo hasta que pudieras caminar esa milla? Llegará el día en que caminar una milla será fácil. Quizá caminar es fácil, pero correr una milla es imposible. ¿Qué tal si comenzaras dando unos pasos? ¿Qué tal si comenzaras corriendo solo un poquito? En no mucho tiempo estarías corriendo esa milla.

Cuando pensé en este principio, me recordó cómo era cuando yo comencé a renovar mi mente por primera vez. No es distinto de los pasos que di cuando comencé a conseguir el control de mi pensamiento. Cuando comencé, no podía mantener mi mente enfocada en las cosas de Dios durante un minuto completo. Mis pensamientos se volvían al mundo; mi mente se llenaba de duda y temor y de todas las cosas que sabía que no estaban bien. Me tomó tiempo, pero después de practicarlo, de dedicarme y de enfocar mis pensamientos, comencé a poder controlar mis pensamientos cada vez más.

Lo mismo ocurre con tu mente. Tú puedes empezar a ser mentalmente apto, con una mente enfocada en las cosas de Dios. Podrías decir: "Ya lo intenté antes, y realmente no funcionó". ¿Qué tal si comenzaras a enfocar tus pensamientos durante unos momentos al día, o como escribió el apóstol Pablo: "Poned la mira en las cosas de arriba"? Haz entrenamiento de intervalos de *nuevos pensamientos*. En poco tiempo serás capaz de poner tu mira en las cosas de Dios cada vez más durante tu día. Esos pequeños pasos serán el comienzo de un cambio tremendo en tu vida.

¿Cómo sería tu vida si pudieras poner tu mira en los pensamientos de Dios? Te haría ser un mejor esposo, una mejor esposa. Te haría poder ser un padre de otro nivel o incluso hacer tu trabajo y prosperar de una forma nueva. Verás, muchos queremos los resultados pero no queremos dar los pasos para llegar hasta ahí. Es similar a perder peso. Si pudieras tomarte una pastilla y despertar con cinco kilos menos, lo harías; sin embargo, si tienes que disciplinar tu carne y cambiar tus hábitos alimenticios, es demasiado duro.

No hagas solo lo que sientes hacer; pon tu mente en las cosas de arriba. No hagas lo que siempre has hecho; pon tu mente en las cosas de arriba. No hagas lo que tu papá o tu mamá hacían o lo que es normal en tu cultura o en tu nación; pon tu mente en las cosas de arriba.

Si pudieras comenzar a poner tu mente, y obviamente es posible o de lo contrario Dios no te hubiera dicho que lo hicieras, comenzarías a ver un cambio drástico en tu vida. Serías cada vez más como Cristo. Tu fe sería más fuerte, tu mente sería más clara, tus dones fluirían, y la bendición de la vida abundante se manifestaría en tu vida. Todo es mejor cuando hacemos las cosas a la manera de Dios. Haz algunos *intervalos mentales*, y enseguida verás el cambio.

Aclaremos lo que significa poner la mira en las cosas de Dios. No te está diciendo que vayas por ahí todo el día pensando en cómo es el cielo. ¡Por favor! Cuando estés conduciendo tu automóvil, no empieces a pensar en cómo es el trono de Dios. Cuando estás haciendo cosas que necesiten toda tu atención, asegúrate de dar toda tu atención a esas cosas. Lo digo así: "No estés pensando tanto en el cielo que no seas útil en la tierra".

No necesitamos cristianos que vayan por ahí pensando en el cielo y provocando accidentes. Pablo está diciendo: "Cualquier cosas que hagan, tengan una buena actitud al hacerlo". Cualquier cosa que hagas, piensa en ello con una perspectiva divina. ¿Cómo quiere Dios que trabajes en tu puesto de trabajo? Él quiere que trabajes con toda tu fuerza. No finjas hacerlo bien cuando el jefe esté delante (Efesios 6:5-6), sino hazlo lo mejor que puedas cada momento de cada hora. Él no quiere que parezcas ocupado solo cuando alguien te esté mirando; Él quiere que seas una parte productiva de tu empresa todo el tiempo. Eso es poner tu mente en las cosas de arriba.

Cuando estés con tu esposa, ¿cómo quiere Dios que pienses? Quiere que pienses que la amas como Jesús ama a la iglesia. Dios quiere que estés convencido de que darías todo lo que tienes por ella. Quiere que pongas cualquier cosa y todo en tu relación. ¿Qué le sucedería a tu matrimonio si pusieras tu mente totalmente en tu cónyuge?

Si eres un hombre parecido a mí, necesitas enfocarte. No siempre es fácil. A veces solo quieres ver el partido o leer ese artículo que has estado queriendo leer. Pero si quieres prosperar en tu matrimonio y tu familia, debes estar dispuesto a dejar a un lado otros pensamientos y deseos y a *poner tu mente* en tu esposa y tu familia.

# Unas palabras de Wendy: Charla tomando café

Cada día cuando llegaba a casa de la escuela, veía a mis padres en el sofá del salón tomando una taza de café y charlando. Lo llamaban *tiempo del café*. Yo pensaba que todas las personas casadas lo hacían; así que después de casarnos, le decía a Casey: "Venga, vamos a sentarnos y a charlar". Él me miraba como diciendo: "¿De qué estás hablando?". Él no tuvo nada parecido en su familia.

Lo que era normal para mí no lo era para Casey. Él no tenía una visión de eso, y honestamente él no tenía ni idea de qué estaba hablando yo. Esto produjo una sensación inmediata de conflicto y una gran oportunidad para la renovación. Como ambos queríamos más de nuestro matrimonio que lo que habíamos visto al crecer, teníamos que descubrirlo. Comenzamos a renovar nuestra mente en cuanto a cómo queríamos que fuera nuestro matrimonio, cómo mantener una conversación y de qué íbamos a hablar.

La conversación es un punto de conexión. Cuando vives la vida con una persona a la que amas, es natural querer saber qué siente y piensa. Quieres saber qué fue divertido y a quién vio cuando no estaban juntos. Quieres conectar con él o ella. Si nunca hay espacio para la conversación en tu matrimonio, no vas a producir el vínculo que te sostendrá en los momentos difíciles.

El libro de Santiago dice que seamos rápidos para oír y tardos para hablar. Casey y yo, en todos los años de nuestro matrimonio, hemos tenido cientos de conversaciones porque valoramos nuestra relación. ¿Sucedió de golpe? No. Fue necesario un tiempo de aprender y crecer en esta área de nuestro matrimonio. ¿Casey siempre quería dejar de ver la tele o dejar de leer la revista? Probablemente no, pero lo hizo. Él valoraba la importancia de esta área de nuestro matrimonio, y renovó su mente para hacer que fuera una parte natural y normal de nuestra vida cotidiana. Valorar a otra persona mostrándole lo mucho que te importa produce mucha fuerza en la relación.

No todas las personas han crecido en un hogar con padres que pasaban tiempo hablando. He aprendido durante los años que si Wendy me pide charlar, tengo que dejar cualquier cosa en la que esté enfocado en ese momento y *poner mi mente* en ella. Esto no solo ha sido vital para mí en lo personal, sino que esos tiempos de poner nuestra mente en hablar, compartir y aprender más el uno del otro han demostrado ser muy gratificantes y han influido mucho en la fortaleza de nuestra relación.

¿Hasta qué punto estás dispuesto a hacer lo que sea necesario para fortalecer tu relación: con Dios, con tu pareja, con tus hijos? ¿Puedes ver cómo no dedicar tiempo a poner tu mente en Dios, en tu familia o en tu carrera hace que pierdas visión y oportunidades? Poner tu mente en las cosas de arriba le aporta a tu vida recompensas innumerables.

Efesios 4:22-24 nos dice: "En cuanto a la pasada manera de vivir, despojaos del viejo hombre, que está viciado conforme a los deseos engañosos, y renovaos en el espíritu de vuestra mente, y vestíos del nuevo hombre, creado según Dios en la justicia y santidad de la verdad".

Pablo nos está enseñando a despojarnos del viejo hombre, de nuestra antigua manera de vivir y de pensar. Después nos dice que nos *vistamos* de la nueva persona, la que fue creada a imagen de Dios, según el diseño de Dios; el que es justo y santo. Quizá pienses: *Eso suena genial, pero ¿cómo se hace eso, Pablo?* Él te dice lo que tienes que hacer cuando dice: "Renovaos en el espíritu de vuestra mente".

Cuando se nos dice que nos *despojemos* del viejo hombre y que nos vistamos del nuevo, eso habla de un proceso: el proceso de quitarse primero el viejo hombre y después vestirse del nuevo. No es algo instantáneo. No es algo que ocurrió en el momento en que aceptaste a Jesús como Señor. Tienes que hacer algo más. Quitarte el viejo hombre es parte de *ocuparte en tu salvación* y es algo que tienes que hacer que ocurra. Es un proceso.

El espíritu de tu mente es más fuerte de lo que piensas. Está controlando tus finanzas, tus relaciones, tu destino en cada área de tu vida.

Podemos culpar a la empresa y al gobierno, pero no son las personas o las situaciones *que te rodean*; es lo que hay *dentro* de ti lo que tiene control sobre tu futuro.

Todos podríamos decir que queremos que ciertas cosas que nos *rodean* cambien, pero tiene que comenzar *en* nosotros. Mientras haces cambios dentro de ti mismo y comienzas a poner tu mente en las cosas de arriba, comenzarás a ver que las cosas a tu alrededor cambian; las circunstancias y tus relaciones cambiarán, ¡es asombroso! Cuando *tú* cambias, todo en tu mundo cambia. Es como si tú fueras el centro, y todo lo que sale de ti afecta a la condición de todo lo que hay en tu vida. Cuando tú cambias, todos y todo a tu alrededor cambia.

El espíritu de tu mente es donde se producen los patrones de pensamiento, hábitos y pensamientos reflejos. Es el subconsciente, debajo de la superficie de tus pensamientos conscientes, donde decides cómo vivir. Así como la vida en las raíces, por debajo de la superficie, controla lo alto que crecerá una planta, o los cimientos de un edificio deciden lo alto que se podrá construir, así el espíritu de tu mente controla cómo vives, lo alto que puedes crecer y lo que harás.

# ONCE

Deseo que prosperes en todas las cosas, así como prospera tu alma.
—3 Juan 2

## Tú puedes tener un alma próspera

No hace mucho estábamos en una zona del condado en la que la gente cree que son los *torbellinos espirituales* del mundo; también piensan que si llevas puesto cobre o cristales, de algún modo comienzas a canalizar un nivel más alto de poder espiritual. Yo atravesé ese torbellino en mi Harley Davidson, y tengo que decirte que no me sentí distinto. No sentí ningún poder o potencia, ¡salvo en el que iba sentado! Para la gente que vive allí y se ha creído la historia, es su verdad.

Quizá has conocido a personas que han creado su propia versión de la verdad. Han mezclado un poco de cristianismo con un poco de superstición, y han incorporado cierta espiritualidad. Quizá han añadido unas pocas creencias que aceptaron de sus tradiciones. Si les preguntas, quizá digan que su filosofía está basada en "un poquito de cómo me siento, añadido a un par de experiencias que tuve. También leí este libro sobre la reencarnación, que tiene sentido cuando piensas en ello, y bueno, porque esto es lo que siento". Y así va. La gente define la *verdad* según sus propias ideas, a su propia manera. Es asombroso qué supersticiones y tradiciones religiosas llega a creer la gente.

"Dijo entonces Jesús a los judíos que habían creído en él: Si vosotros permaneciereis en mi palabra, seréis verdaderamente mis discípulos; y conoceréis la verdad, y la verdad os hará libres" (Juan 8:31-32).

La pregunta que debemos hacer es esta: "¿Qué es la verdad?". En la vida de muchas personas, la verdad es cualquier cosa que *piensen;* la verdad es cualquier cosa que *sientan*. Todos conocemos a personas que dicen cosas bastante divertidas, y lo triste es que honestamente piensan que están declarando la verdad.

Jesús nos dijo: "Si permaneciereis en mi palabra, conoceréis la verdad". ¿Sabías que Jesús dijo que era *la verdad, el camino y la vida*? No una verdad, sino *la* verdad. Eso significa que hay un camino y una verdad. Lo que tú creas, lo que tú pienses, tu investigación y tu experiencia nunca prevalecerán ante la verdad de la Palabra de Dios. Tu confianza debe tener a Jesús como el fundamento. Él es la Palabra hecha carne, y Él es el camino, la verdad y la vida. La Biblia revela a Jesús y cómo debemos vivir con Él.

En lo natural, hay leyes absolutas que se consideran verdad. Tomemos la ley de la gravedad, por ejemplo. Cada vez que saltas en el aire, experimentas la gravedad. Es lo que te fuerza a regresar al suelo. Sin gravedad, flotarías en la atmósfera, junto con todos y con todo. La gravedad es lo que nos mantiene en la tierra. Todos saben que esa es la verdad. Si tú dijeras: "Pues yo no lo creo", ¿sabes qué? Aún seguiría ahí. No creer en la gravedad no cambia la verdad acerca de la gravedad. Intenta saltar desde un edificio, y mientras estés cayendo, grita: "¡No creo en la gravedad!". Por mucho que quisieras creer que no existe, ¡seguirías cayendo!

Cuando algo es cierto, no importa si lo creemos o no. Lo mismo ocurre con Dios. Quizá digas: "Yo no creo que Dios existe". No quiero ser duro, pero eso no importa. Tu creencia no cambia la verdad. Dios sigue siendo real. Le aceptes o no, eso no cambia la verdad. La Biblia dice que Dios envió a su Hijo para ser tu Salvador. Esa es la verdad. La Biblia dice que al ser un creyente nacido de nuevo, el Espíritu Santo viene a vivir en ti, a morar en ti y a empoderar tu vida. La Biblia dice que puedes orar la perfecta voluntad de Dios cuando oras con el Espíritu Santo. Puedes decir: "Yo no creo en eso", pero eso no cambia el hecho de que sigue siendo cierto.

Al mirar a las culturas del mundo, y la historia de esas culturas tanto pasada como presente, los que siguen la Palabra de Dios y la verdad de Dios son los que prosperan. Viven con mucha más libertad y éxito. A menudo no vemos a esas personas abusar unos de otros; no son crueles en sus leyes o en la forma en que gobiernan en general. Cuanto más se aleja una cultura de la Palabra de Dios, o de los principios de la Biblia, más abuso, mal uso y desastres experimenta esa cultura.

Tercera de Juan 3-4 dice: "Pues mucho me regocijé cuando vinieron los hermanos y dieron testimonio de tu verdad, de cómo andas en la verdad. No tengo yo mayor gozo que este, el oír que mis hijos andan en la verdad".

Jesús lo dijo así: "Si permaneciereis en mi palabra... conoceréis la verdad, y la verdad os hará libres". Juan ata estas verdades cuando dijo en 3 Juan 2: "Amado, yo deseo que tú seas prosperado en todas las cosas, y que tengas salud, así como prospera tu alma". Tu alma prosperará a medida que conozcas la verdad, y cuando caminas en la verdad, eres libre.

En los Estados Unidos, nuestro fundamento y prosperidad como nación siempre ha estado basados en la verdad de la Palabra de Dios. "Confiamos en Dios" ha sido nuestro lema. La Escritura se escribió en nuestras leyes desde el comienzo; por eso tenemos que continuar orando por los Estados Unidos. Nuestro mayor problema como nación ahora mismo es que nos hemos alejado de esa herencia. Hemos permitido que la oración se retire de nuestras escuelas; rechazamos la Biblia y su verdad en la mayor parte de la cultura estadounidense. Cada vez encontramos menos verdad en nuestras leyes gubernamentales, y por lo tanto, cada vez hay más ataduras. La falta de verdad te ata; la verdad te hace libre. Como cristianos, debemos habitar en su Palabra y entonces conoceremos la verdad, y la verdad nos hará libres.

A menudo ponemos mucho valor en lo que oímos en las noticias o en lo que dice el candidato político, pero esas palabras deberían ser relativamente insignificantes en cuanto a cómo vivir nuestra vida. Personalmente, yo no les presto mucha atención, y lo que sí oigo lo tomo con reservas; lo filtro con la Palabra de Dios.

Parece que cada pocos meses oímos otra nueva historia que se convierte en la gran noticia del día o de la semana, y finalmente descubrimos que ni siquiera era cierto. El foco entonces se dirige al periodista que estaba adornando su reportaje. Vemos que no nos estaban contando las noticias, sino que estaban intentando *ser* la noticia.

No dejes que el drama de los eventos actuales o la política sea la gran cosa en tu vida. Mantén tu mente clara y tu corazón abierto a la verdad de la Palabra de Dios. El mundo siempre va a tener algo que decir, pero tienes que preguntarte: "¿Quiero escucharlo?".

Lo que dice la Palabra de Dios es muy distinto a lo que el mundo dice. Lo que la Palabra dice es importante, y tiene relevancia diaria y eterna. La Palabra es algo que puede cambiar tu presente, y tu para siempre. Así que habita en la Palabra y no en las palabras del mundo. Al hacerlo, conocerás *la* verdad, y *la* verdad te hará libre. Conéctate con la Palabra, porque afecta a tu alma y prosperarás en todas las cosas, así como prospera tu alma.

Tú y yo tenemos que decidir no solo creer en Jesús y nacer de nuevo, sino aceptar también lo que Él dice. Debes aceptar su Palabra y darle más importancia que a cualquier otra cosa, que sea más cierta para ti que lo que diga cualquier otra persona. Tienes que decidir que su Palabra es *la palabra* sobre la que depende tu vida aquí en la tierra y por toda la eternidad.

# Unas palabras de Wendy: El camino fácil

Hay algo muy engañoso en andar por el *camino fácil*. Permíteme contarte la historia de una pareja que estaba sufriendo algunos retos en su matrimonio. Mientras hablábamos, dijeron: "Si queremos trabajar en nuestro matrimonio, significa que tenemos que renovar nuestra mente. Tendremos que perdonar, intentar gustarnos el uno al otro y hablarnos bien. Eso es muy difícil".

¿Cuál es tu otra opción? Seguir sacando el pasado y quedarte enojado. Tener largos almuerzos con el compañero de trabajo *que realmente te interesa,* o coquetear en línea con un antiguo novio o novia. El diablo pone la tentación delante de ti, una que parece buena, fácil y natural. ¿Cómo va a ser malo, cuando uno se siente tan bien?

Dios tiene otro camino. Su camino está lleno de perdón, amor, y hablar amablemente. Su camino no es tan fácil. No es fácil perdonar. No es fácil mostrar amabilidad a la persona que te dio un portazo cuando se fue de tu vida. Es difícil hacer lo correcto, decir las palabras correctas y confiar en los caminos de Dios cuando no obtienes la misma respuesta de la otra persona.

Como pastora, he visto la destrucción que viene cuando una persona se rinde y decide que no merece la pena luchar por su matrimonio. Permíteme desafiarte: ¿Por qué no luchar por la persona a la que le entregaste tu vida una vez? Te casaste con esa persona. Seguro que hay asuntos en los que debes trabajar, pero ¿por qué no luchar por tu relación?

Muchas más personas de las que yo pudiera contar han dicho: "Ya no merece la pena", y mi respuesta siempre es: "He visto a otros ir por ese camino por el que tú te diriges, y no es mejor. Parece fácil ahora, pero al final tendrás los mismos problemas". Se divorcian, pasa el tiempo, y conocen a otra persona. Ella dice: "No se parece en nada a mi primer esposo". Él dice: "Ella es totalmente distinta a mi última esposa". Enseguida están en su tercer o cuarto matrimonio y de nuevo están en proceso de divorcio. Se podían haber quedado en su primer matrimonio, haber trabajado duro y haber evitado todo el drama y dolor.

Hacer lo correcto no es fácil, y los resultados no son tan instantáneos. Te parecerá que estás haciendo todo bien y que tu cónyuge no se está esforzando. Yo me he sentido así en mi matrimonio con Casey. Sentí que yo hacía todo lo que había que hacer y que él no hacía nada. Sentía que yo le perdonaba, pero él a mí no. Sentía que yo había escogido el camino difícil y él no, pero ¿sabes qué? Él estaba sintiendo lo mismo. Con más de treinta ocho años de matrimonio, hemos tenido que pasar por muchos de los mismos sentimientos y palabras negativas que tú tenías con tu primer matrimonio; las mismas palabras con tu segundo matrimonio y tercer matrimonio. Todos tenemos que arreglar problemas, algunos mucho más difíciles que otros, para renovar el espíritu de nuestra mente. A largo plazo, merece la pena hacerlo a la manera de Dios.

Un alma próspera hace que todo en su vida funcione como Dios lo planeó, incluso las relaciones familiares. ¿Por qué fracasan tantos matrimonios? Los documentos legales dicen que la incompatibilidad es la causa número uno, pero eso no es cierto. Los matrimonios fracasan debido a un alma pobre. Cuando tienes un alma pobre, tu relación no puede desarrollarse de una manera saludable; los conflictos y los problemas ahogan lo bueno y finalmente se emprenden caminos separados.

¿Por qué están Estados Unidos y tantos estadounidenses enterrados en la deuda? En este rico país, ¿por qué no somos más prósperos y estables financieramente hablando? Tenemos más oportunidades para el éxito que la mayoría de los demás países del mundo, pero culpamos a *la economía... y al jefe... y a la empresa...* y la lista de excusas es interminable. Es porque muchos no estamos prosperando en nuestra alma.

No puedes vivir con sabiduría, integridad y la creatividad necesaria para tener éxito en el ámbito financiero sin un alma próspera. Cuando prosperas en tu alma, comienzas a prosperar en todas las cosas, incluida tu economía. La prosperidad de la que estamos hablando no significa que vayas a ser millonario. Ser rico no es la meta. Cuando tienes la verdadera prosperidad, te irá mejor en todas las áreas, incluyendo tu economía.

Cuando tienes un alma próspera, serás capaz de vivir la vida que Dios te llamó a vivir y podrás ayudar a otros. Esa es la verdadera prosperidad. Tenemos la idea de que la prosperidad es tener millones en el banco, una gran casa, el auto más rápido y crédito ilimitado. Para ti, como cristiano, la verdadera prosperidad es vivir como Dios te ha llamado a vivir y ayudar a otros a hacer lo mismo. Y eso comienza en tu alma.

Muchas personas, incluso cristianas, están atascadas en sus problemas. Se preguntan: ¿Por qué no puedo salir de las drogas? ¡No puedo superar esta adicción! No puedo mantener una relación a largo plazo. Los mismos problemas siguen llegando una y otra vez. Es un asunto del alma. Tu alma no está prosperando, y por eso *tú* no puedes prosperar. Tienes que renovar tu mente con la verdad y vencer esas cosas que se levantan contra la Palabra de Dios. Debes llevar cautivo todo pensamiento a la obediencia a Cristo. La verdad te hará libre, y tu alma comenzará a prosperar.

Para tener un alma próspera, hay cinco áreas clave que son vitales para tu éxito. Si puedes renovar tus pensamientos en estas áreas, podrás ver y experimentar un cambio drástico en tu vida.

# 1 – Saber que Dios tiene un plan para ti

"Según nos escogió en él antes de la fundación del mundo, para que fuésemos santos y sin mancha delante de él, en amor habiéndonos predestinado para ser adoptados hijos suyos por medio de Jesucristo, según el puro afecto de su voluntad" (Efesios 1:4-5).

Muchos han oído mi historia de tener que lidiar con la hepatitis C y los once meses que pasé en quimioterapia. Estaba muy desanimado en muchos niveles. Creía en la sanidad, y predicaba la Palabra con respecto a la sanidad; sin embargo ahí estaba yo: enfermo. Había orado mucho para ser sanado. Había declarado la Palabra sobre mi vida y mi familia durante años, y aun así estaba lidiando con la hepatitis C.

Me sentía muy enfermo físicamente durante esos meses de tratamiento, pero mantuve mi mente enfocada en la oración y creyendo. Cuando finalmente lo vencí y lo superé fue cuando recibí una nueva perspectiva. Han pasado varios años desde que fui limpio del todo de la hepatitis C, y mirando atrás, puedo decir que Dios usó lo negativo para construir más cosas positivas en mi vida. No estoy diciendo que Él me dio la hepatitis C. Él nunca querría que yo estuviera enfermo. Él no manda las enfermedades; Él no tiene enfermedades que dar. Él tiene sanidad. Él tiene salud y fortaleza. Él da vitalidad y larga vida. Todas estas cosas vienen de Dios porque eso es Él.

La enfermedad no era su voluntad para mí, pero Él obra en cada situación, incluso en las negativas, según su voluntad. Creo que Él estaba diciendo: "Voy a usar esto negativo que está atacando la vida de Casey para hacer que tenga más compasión. Usaremos esa circunstancia para ayudarle a ser más comprensivo, a relacionarse mejor con los que luchan, a relacionarse incluso más con los que están enfermos. Vamos a usar eso negativo para construir cosas más positivas en su vida".

Nuestro Padre Dios es tan grande que incluso puede usar nuestros errores y problemas para seguir avanzándonos hacia su plan y su propósito para nuestra vida. ¡Qué pensamiento tan asombroso! ¿Puedes entender eso? Él te *escogió*, y te predestinó para ser un hijo o hija por Jesucristo, según el beneplácito de su buena voluntad.

Tú no estás aquí por accidente. No te levantes por la mañana y digas: "Bueno, veamos lo que ocurre". Cuando alguien pregunte: "¿Cómo te van las cosas?", no dejes que tu actitud sea la de: "Bueno, estamos vivos". No, *Dios* da vida. Dios tiene propósito. Dios da destino. Dios da dirección. Él no te está controlando, sino que te está guiando y dirigiendo. Él no está dictando todo, pero tiene un propósito y un plan para ti.

Efesios 1:11 dice: "En él asimismo tuvimos herencia, habiendo sido predestinados conforme al propósito del que hace todas las cosas según el designio de su voluntad".

Este versículo no dice que todas las cosas son parte de la voluntad de Dios; dice que Él hace "todas las cosas" según su voluntad. No fue la voluntad de Dios que yo estuviera enfermo. No fue la voluntad de Dios que abusaran de ti. No fue su voluntad que te divorciaras. Dios no quería que experimentases todo lo que has vivido cuando tuviste el aborto natural. Él no quería que te quedaras en bancarrota. Ese no es el plan de Dios para tu vida, pero Él es bueno, y muy grande, y puede usar esas cosas para mejorarte. Obtienes fortaleza y profundidad de carácter cuando Él hace *todas las cosas según el designio de su voluntad*.

Tú tienes un destino. Tú tienes un propósito de Dios. Debes creer eso. Introduce ese pensamiento en tu mente, porque muchas personas nunca lo entienden. Piensan que su vida es un accidente, piensan que su vida es una coincidencia, piensan que las circunstancias de su vida son casualidad. Tú tienes un llamado. Tú tienes un destino. Tú tienes un propósito divino de parte de Dios.

Su voluntad es que seas como Cristo. Él quiere que vivas en esta tierra como lo hizo Jesús. Él quiere que camines en victoria, que prosperes en todas las cosas, viviendo una buena vida en todas las formas posibles. Él usa incluso las cosas negativas para llevarte a un lugar que fomenta la compasión, da entendimiento de los demás y la fortaleza para manejar cada situación.

Cuando te levantes cada mañana, no digas: "Bueno, imagino que intentaré ganarme la vida hoy". En su lugar, di con confianza: "Hoy saldré y caminaré con Dios. Viviré mi destino y descubriré la vida que Dios ha planeado para mí. No estoy haciendo lo que quiero, sino que estoy haciendo lo que Él quiere". Es una forma poderosa, la forma bíblica, de ver tu vida cada día.

# 2 – Quien controla tu destino eres tú, y no las circunstancias que te rodean

*Es lo que hay en ti y no a tu alrededor lo que cuenta.* A pesar de saber eso, tendemos a culpar a algo o a alguien cuando las cosas no van como queremos. Nos encanta culpar, y lo hacemos con sinceridad. A fin de cuentas, nuestro tatarabuelo, miles de generaciones atrás, fue el primer *acusador*. Allá por el comienzo de los tiempos, en el huerto del Edén, Adán fue el primero que comenzó el *juego de culpar*.

Cuando el Señor estaba paseando por el huerto en el frescor del día, no podía encontrar a Adán por ningún lugar. Dios dijo: "Adán, ¿dónde estás?".

Adán dijo algo como: "Bueno, espera un minuto, Señor. Me acabo de dar cuenta que estoy desnudo... y por eso, bueno, estoy escondido".

Dios lo supo en ese mismo instante: *Esto no es bueno*. Así que dijo: "¿Quién te enseñó que estabas desnudo? ¿Acaso comiste del árbol del que te dije claramente que no comieras?".

Adán ni siquiera lo dudó cuando dijo: "Fue la mujer que me diste. Ella me hizo comer". (Ver Génesis 3:1-9)

Adán no lo dudó ni un instante al culpar a su esposa, culpar al diablo y al culpar a Dios. Y hemos estado haciendo lo mismo desde entonces, ¿no es cierto? Culpamos a nuestra esposa, culpamos a nuestro esposo, culpamos al jefe, y si nada de eso nos funciona culpamos a Dios. Pensamos cosas como: *Dios me hizo así. Así es como soy. No puedo contenerme. Así nací yo.*

Nos gusta fingir que es culpa de Dios que seamos estúpidos, que estemos sin dinero o seamos unos miserables. Nos encanta culpar. ¿Quién es tu persona favorita a quien echarle las culpas? ¿Tu cónyuge? ¿Tus hijos? Cuando tu amigo te pregunta: "¿Por qué llegaste tarde a la iglesia hoy?", ¿respondes rápidamente: "Pues mira, ya sabes como son las cosas cuando tienes hijos"?

¿A quién o a qué culpas con más frecuencia cuando necesitas una excusa? ¿Tu matrimonio? ¿Tu trabajo? ¿Tu salud? Creo que a menudo inventamos la historia que mejor nos funcione, y después nos convencemos de que es verdad. Esa es la peor parte. Cuando estás edificando tu vida culpando a otros, de hecho tienes que creerlo. ¿Por qué no haces más ejercicio? "Verás, el jefe, y el trabajo, y la esposa y los hijos". Entonces ¿es culpa de ellos que no tengas buena salud? ¿Por qué no comes comida más saludable? "Bueno, verás... no me lo puedo permitir... y McDonalds... y el supermercado... y mis hijos...".

Todos lo hacemos. Todos tenemos algo o alguien a quien culpar de nuestra condición. ¿Y si pudieras aceptar que cada acción que realizas es una decisión, y la decisión es totalmente tuya? No pienses en esto como una carga, sino como una oportunidad para cambiar. No pienses que esto es una manera de hacerte sentir mal, sino una forma de empoderar tu nueva vida.

Un día mientras estaba en el centro de rehabilitación con Julius, comenzamos a hablar de mis actuales circunstancias. Estaba en libertad condicional, tenía varias multas del estado que pagar, y un juez me acababa de ordenar hacer servicio comunitario. Todo eso me pesaba mucho, y me sentía mal. Julius me dijo: "Tú superarás todas estas cosas en cuanto asumas tu responsabilidad". Fue uno de los momentos más reveladores de mi vida.

Lo que Julius me dijo ese día, y la forma en que lo dijo, se convirtió en una de las mayores revelaciones de mi vida. Con esa revelación llegó un maravilloso sentimiento: *Yo puedo hacer esto*. Cuando has estado toda la vida sintiéndote derrotado y vencido, es un sentimiento increíble darse cuenta en lo más hondo de que *Yo puedo vencer. Puedo tener éxito en la vida. Puedo hacer esto.*

En ese momento, sabía que tenía que asumir la responsabilidad y reconocer que mis propias decisiones habían causado los problemas de mi vida; sabía que no podía seguir culpando a otros de nada. En cuanto acepté la responsabilidad, me sentí increíblemente libre. Con esa libertad llegó el sentimiento de saber que, por primera vez, podía hacer algo distinto con mi vida.

Si no puedes asumir la responsabilidad de tus actos, nunca tendrás autoridad sobre tu vida. Terminarás desesperanzado. No puedes hacer nada para cambiar la vida que estás viviendo sin asumir la responsabilidad de ti mismo. Si crees que otros controlan tu vida, estarás abatido, triste y débil. Cuando asumes la plena responsabilidad, de repente puedes tomar autoridad sobre tu situación. Tienes la capacidad de manejar cada problema.

# Unas palabras de Wendy: ¿Por qué vivir de forma santa?

¿Por qué es importante vivir de forma diferente al mundo? ¿Por qué es bueno pensar y actuar de forma distinta? En realidad, fumar, beber y comer en exceso no son cosas malvadas. Hay muchas personas buenas que tienen hábitos que no son saludables. No son buenos para tu cuerpo, y pueden lastimar a otros, pero no te impedirán ir al cielo. No se trata del tabaco o de la bebida, sino del ejemplo.

La primera vez que reconocí el poder del mensaje que estaba enviando fue cuando mi amiga me confrontó por intentar que ella fuera salva mientras me fumaba un cigarrillo. Cuando mi amiga me miró, me tachó de hipócrita, y debido a mi ejemplo no pude guiarla a Jesús. Yo decía que era cristiana, pero aún fumaba, lo cual a sus ojos me hacía ser un mal ejemplo.

Hay muchas razones por las que fumar es malo para ti, pero como dije, no te llevará al infierno. Yo dejé de fumar solo porque amaba a una persona más de lo que amaba fumar. Creo que debido al deseo de mi corazón de ayudar a alguien a conocer a Dios, la gracia de Dios me dio la fuerza para dejarlo.

Como cristianos, renovamos nuestra mente para ser personas con más influencia en la vida de las personas. Ser mezquino no te enviará al infierno, pero no te hace ser una luz que brille para Jesús. Si eres una persona que siempre está enojada, eso no te impedirá ir al cielo. Tu ira simplemente no dejará que la gente te escuche o quiera seguirte. No puedes mostrar el amor de Dios y expresar ira a la vez. No puedes decir que eres cristiano, actuar como el mundo, y después esperar que otros sean atraídos a Cristo. Renovar tu mente tiene que ver con amar a la gente más que amar eso que hay dentro de ti que no es piadoso. Queremos cambiar para poder ser testigos más fuertes para Jesús.

En cuanto decides: *Es mi vida, y voy a asumir la responsabilidad que me corresponde,* encuentras una nueva fuerza. Tu espíritu y tu alma comenzarán a elevarse, y una nueva perspectiva comenzará a formarse en tu corazón. Esa decisión creará una nueva visión, una nueva forma de verte a ti mismo y tu vida. Comenzarás a ganar.

Ganarás en la vida por lo que ha ocurrido en tu corazón y no porque algo *afuera* de ti sea distinto. Tendrás éxito por lo que hay dentro de ti y no por lo que hay a tu alrededor. Prosperarás porque tu espíritu y tu alma son saludables. Ya no se tratará más de lo que otra persona haga o deje de hacer. Ahora se trata de lo que tú y Dios están haciendo. Tú y Dios serán los que decidan tu destino, y no las circunstancias que te rodean.

Segunda de Corintios 4:16-18 nos dice: "Por tanto, no desmayamos; antes aunque este nuestro hombre exterior se va desgastando, el interior no obstante se renueva de día en día. Porque esta leve tribulación momentánea produce en nosotros un cada vez más excelente y eterno peso de gloria; no mirando nosotros las cosas que se ven, sino las que no se ven; pues las cosas que se ven son temporales, pero las que no se ven son eternas".

En otras palabras, aunque estas presiones son momentáneas, están produciendo en ti un *cada vez más excelente y eterno peso de gloria.* Cuando miras desde la perspectiva de la Palabra de Dios, no verás tu situación con ojos de culpa. Vas a mirar al Señor esperando que Él sea quien te dirija y te guíe. Verás la promesa, y no tanto el problema.

No mires las cosas *que se ven* y las culpes de tu manera de ser. Mira las cosas que *no se ven*. Mira las cosas espirituales, las cosas eternas, las cosas internas. Tu fe, corazón, pasión y compasión, ¡estas son las cosas que decidirán tu destino!

Cuando culpamos al presidente actual por cómo son las cosas, ¿qué vamos a hacer cuando elijamos al presidente siguiente? Culpamos al jefe, pero ¿y cuando tengamos un jefe nuevo? Culpamos a nuestro vecino, pero ¿qué sucede cuando viene el nuevo vecino? Cuando comenzamos el juego de culpar, hemos perdido la capacidad de cambiar y hemos renunciado al control de nuestro destino.

Asume la responsabilidad y cree en tu corazón: *Dios y yo estamos arreglando esto. Dios y yo estamos en este viaje. Dios y yo podemos vencer esta adicción. Dios y yo podemos superar esta bancarrota. Dios y yo podemos superar este divorcio.* Sea cual sea el reto, ¡ahora tienes el poder del cielo a tu disposición! El poder viene al asumir la responsabilidad. No permitas que lo que te rodea te limite; deja que lo que hay en ti dirija tu vida; entonces serás transformado por la renovación de tu mente e irás de camino a tener un alma próspera, y su perfecta voluntad.

# 3 – La voluntad de Dios es que prosperes en todas las cosas y tengas una vida abundante

¿Cómo vivió Jesús cuando caminaba en la tierra? La religión moderna nos dice que Él era pobre y apenas tenía suficiente para vivir. Tradicionalmente, pensamos en Él como en un hombre que vivía afuera, en los campos de Israel, sin tener nada. Todos hemos visto imágenes de Él vestido con túnica blanca, con una vara en una mano y un cordero entre sus brazos. Llevaba ropas sencillas y vivía una vida simple. El problema es que mi Biblia me cuenta una historia distinta a la que la tradición nos llevaría a creer.

Jesús tenía más que suficiente. Siempre estaba bendiciendo a quienes lo rodeaban. Llenaba barcos con peces y llenaba cestas con sobras de pan. Jesús siempre proveía más que suficiente y vivía en abundancia. Tenía un tesorero y un tesoro. Aunque esta no es la idea tradicional de su vida, así es como vivía Jesús; y nosotros deberíamos ser como Él. Primera de Juan 4:17 nos dice: "pues como él es, así somos nosotros en este mundo". Las Escrituras son muy directas en cuanto a este asunto. Desde el Antiguo Testamento hasta el Nuevo Testamento, vemos una y otra vez que la voluntad de Dios para nosotros es que prosperemos.

Dios dijo en Josué 1:8: "Nunca se apartará de tu boca este libro de la ley, sino que de día y de noche meditarás en él, para que guardes y hagas conforme a todo lo que en él está escrito; porque entonces harás prosperar tu camino, y todo te saldrá bien". Es la voluntad de Dios que prosperes y tengas éxito. Él no te diría cómo prosperar si no fuera su voluntad; y la clave para tu éxito es su Palabra.

Es asombroso lo mucho que a veces complicamos las cosas, y sin embargo Dios es muy claro. Él nos dice exactamente *qué* quiere que hagamos, y después nos dice *cómo* afectará a nuestra vida. "Camina en mi Palabra. Medita en mi Palabra. Obedece mi Palabra. Prosperarás. Tendrás éxito".

En Juan 10:10, Jesús dijo: "yo he venido para que tengan vida, y para que la tengan en abundancia". El término *en abundancia* significa literalmente plenitud, gran suministro, existir u ocurrir en grandes cantidades. Lo mejor y lo más. Esa es la voluntad de Dios para sus hijos. Él quiere que tengamos lo mejor de lo que hay disponible y más que suficiente para suplir no solo nuestras propias necesidades sino para ser una bendición para otros. Esa es la verdadera abundancia.

Esta es la pregunta: ¿Qué es para ti *una vida abundante*? Muchos respondería rápidamente: "Yo quiero abundancia de dinero. Si ganara la lotería, entonces tendría más que suficiente. No tendría que preocuparme más por el dinero". Claro, tener dinero para pagar tus facturas y tener de más se consideraría abundancia. Pero ¿es eso la verdadera abundancia? ¿Qué decir de la abundancia de tener tus necesidades materiales suplidas *y* tener salud? ¿Qué decir de tener una familia sana y feliz que ama a Dios, se aman unos a otros y muestran el amor de Dios ayudando a otros? ¿Se consideraría eso abundancia? ¿Qué decir de ser parte de una iglesia que impacta a su comunidad y a su ciudad?

¿Qué hay en lo más alto de tu lista de lo que tú consideras que es vivir en abundancia? Compararte con otros o adoptar lo que ellos creen que es importante no sería un buen lugar de inicio. En vez de mirar lo que otros desean, pregúntate: ¿Qué deseo yo en mi corazón? Cuando te comparas con todos los que te rodean, no estás viviendo en la verdadera abundancia que viene del corazón de Dios Padre. Cuando descubres lo que Dios tiene para ti y escuchas tu propio corazón, recibes su verdadera abundancia.

En 3 Juan 2, Juan dijo: "Amado, yo deseo que tú seas prosperado en todas las cosas, y que tengas salud, así como prospera tu alma". ¿Crees que Juan oraría así si no fuera la voluntad de Dios para nosotros que prosperemos en todas las cosas? Juan era un apóstol; de hecho, fue el apóstol que más años vivió cuando escribía este pasaje de las Escrituras. Él era el gran apóstol Juan, que vivía en la isla de Patmos mientras escribía el libro de Apocalipsis, junto a varios otros grandes libros del Nuevo Testamento. ¿No crees que, entre todas las personas, Juan conocería la voluntad de Dios?

A muchos se les ha enseñado que Dios quiere que batalles y seas pobre. ¿Te enseñaron a creer que Dios quiere que sufras la enfermedad y el dolor? Esa forma de pensar no es correcta. ¿Cómo lo sé? No se alinea con lo que la Biblia enseña. Si lo que piensas no se alinea con lo que enseña la Palabra de Dios, nunca tendrás su abundancia, o su voluntad. Gozo, paz, prosperidad y una vida abundante es lo que Dios quiere para ti. Su deseo es que prosperes *en todas las cosas*, para vivir en salud y tener una vida abundante.

Creo que estos *Siete pasos para un alma próspera* te fortalecerán y ayudarán a dar los siguientes pasos en tu vida. Toma un tiempo para implementar estas verdades en tu caminar diario con Cristo.

1. Un alma próspera tiene hambre y deseo de la Palabra de Dios (Mateo 5:6).
2. Un alma próspera medita y reflexiona en la Palabra de Dios diariamente (Salmos 1:1-3).
3. Un alma próspera sigue el hombre/mujer *interior* (o espíritu) y no la carne o las emociones (Romanos 8:6).
4. Un alma próspera mantiene una actitud piadosa y positiva, incluso en circunstancias difíciles (Mateo 6:33).
5. Un alma próspera busca crecer y mejorar, incluso hasta el punto de confesar las faltas (Santiago 5:16).
6. Un alma próspera sabe que la vida en la tierra es temporal, y que debemos poner nuestra mente en las cosas del cielo (Colosenses 3:1-2).
7. Un alma próspera sabe que la Palabra de Dios es la verdad y que es más alta que cualquier otra "verdad", incluso emociones, cultura y tradiciones (Juan 8:31-32).

Hay solo una forma de conocer realmente la voluntad de Dios, y es conociendo la Palabra de Dios. No se puede encontrar la voluntad de Dios mirando al mundo. No se puede conocer la voluntad de Dios mirando a lo que uno siente, porque los sentimientos cambian. Un día estás arriba y otro día estás abajo; tus emociones van y vienen, pero la Palabra de Dios permanece inalterable. Solo puedes conocer la voluntad de Dios mediante la Palabra de Dios.

Solo puedes tener la vida abundante que Dios te prometió al identificar y cambiar tu forma errónea de pensar. Debes ser transformado por la renovación de tu mente para poder vivir en su perfecta voluntad. Fija tu mente en la verdad lo que Dios tiene para ti: *Dios quiere que yo gane. Dios quiere que yo prospere. Dios quiere que viva una vida abundante.* Dios quiere que prosperes en todas las cosas y que vivas una vida abundante. Ese es el plan de Dios.

# 4 – Dios desea llevar orden y equilibrio a tu vida

"Pero hágase todo decentemente y con orden" (1 Corintios 14:40).

Dios es un Dios de orden y equilibrio, y por lo tanto desea también que haya orden y equilibrio en tu vida. Él ha dicho, hágase *todo*, cada parte de tu vida familiar, vida económica, y vida ministerial/eclesial, decentemente y con orden. Hay un orden que seguir a la hora de hacer las cosas. Hay una manera correcta de hacer las cosas, y hay una manera errónea. Dios es muy específico con respecto a cómo debemos vivir nuestra vida.

Orden significa prioridades correctas y mantener nuestra agenda equilibrada. Fe, familia, trabajo, diversión, todo tiene un lugar en la vida. Asistencia a la iglesia, voluntariado y servir son parte del orden en una vida piadosa. Es una parte vital de nuestra vida cristiana y no deberíamos descuidarla. Aunque ir a la iglesia y servir es bueno, se debe hacer *decentemente y con orden*. Tienes que decidir cuáles son tus prioridades y establecer un equilibrio adecuado en tu vida. Siento que muchos de nosotros estamos siempre ligeramente o incluso *muy* desequilibrados.

En general, la mayoría de estadounidenses vivimos vidas desequilibradas. Aceptamos fácilmente como normal las horas que pasamos yendo al trabajo y trabajando, pero ¿cuántas horas dedicamos a estar con los hijos? ¿Cuántas horas pasamos con nuestro cónyuge? Viajar horas para llegar al trabajo es necesario, pero ¿cuántas horas pasamos también en oración, adoración y estudio bíblico? Podríamos decir: "¡No me queda tiempo para eso! Tengo que ir a trabajar para poder pagar mis facturas. Eso tiene que ir primero, y cuando llego a casa, estoy demasiado agotado para hacer nada más". Eso, amigo mío, es una vida trágicamente desequilibrada.

No es bueno que dediques tanto tiempo a un área de tu vida de modo que todo lo demás sufra. Como padre, no es bueno que des tanto a tu hijo que todo lo demás se desmorone como consecuencia. No puedes educar un buen hijo si cree que es el centro del universo, porque no lo es. Si le permites que controle la agenda, la casa, la comida y a ti, estás en graves problemas. Necesitas orden y equilibrio, incluso con tus hijos.

Tus hijos tienen que saber que amar a Dios y pasar tiempo con Él es tu *primera* prioridad. Tu cónyuge va después en la lista de prioridades; luego tus hijos, tu trabajo y la vida de iglesia ocupa la lista de tus principales prioridades. También es bueno que añadas cosas como recreo, amistades, ejercicio físico y aficiones a la lista de prioridades. Estamos hablando de vivir una vida bien equilibrada.

Un hogar centrado en el hijo no es un hogar saludable. Tus hijos tienen que saber que tienen que encajar en el cuadro general, porque todo no gira en torno a ellos. Llegará un día en que tu hijo se dará cuenta bruscamente y aprenderá que no es el centro del universo. Siempre habrá alguien ahí que le dirá esa información, y es más que probable que no sea en el mismo espíritu de amor que tú usarías.

Es mucho más fácil para tus hijos que seas tú quien les enseñe que es importante aprender a respetar a otros, a dar y no solo recibir, y a no salirse con la suya todo el tiempo. Cuando creas una forma de vida centrada en los hijos, estás preparando a tus hijos para el fracaso. Mantén el equilibrio y el orden como el enfoque de tus buenas prioridades. Eso te mantendrá a ti y a ellos en el camino hacia una vida llena de éxito.

El otro día estaba con uno de nuestros doctores, el cual compartió conmigo una idea interesante. Todos hemos oído que, según nos hacemos mayores, nuestros huesos van siendo cada vez más frágiles. Cuando nos caemos, es más fácil hacernos daño que cuando éramos más jóvenes. Lo que mi amigo estaba diciendo era que, a medida que maduramos y empezamos a tener problemas con las fracturas de hueso, el problema no es tanto la fragilidad de los huesos sino la falta de equilibrio. Nos tropezamos, y de repente nos caemos. Como resultado, terminamos con una cadera rota o una muñeca rota. La próxima vez, es un hombro roto. Sí, los huesos son más frágiles y se rompen con más facilidad, pero el principal problema es la falta de equilibrio.

Una *falta de equilibrio* produce problemas en tu cuerpo físico y en cada área de tu vida. ¿Cómo está tu equilibrio? La forma de equilibrar tu vida podría decidir si algo *se rompe* o no. Puede determinar si tus hijos son fuertes y saludables o no. Tu equilibrio puede ser el factor decisivo en tu destino, porque Dios dijo que debíamos hacer todas las cosas decentemente y con orden.

# 5 – La excelencia te capacita para vencer las cosas negativas

"¡Oh Jehová, Señor nuestro, cuán glorioso es tu nombre en toda la tierra!" (Salmos 8:1).

A Dios le encanta la excelencia. El Señor es *el más* excelente; la excelencia es su naturaleza. La excelencia es parte de su carácter, así que lo que Él hace *siempre* es excelente. ¿Te imaginas cómo sería si Dios tuviera un mal día? Uno esperaría que no le ocurriera el día de tu nacimiento, ¿verdad? Lo cierto es que Él no tiene ningún mal día. Él no tiene un día lamentable, después un día tibio, un día poco entusiasta, después un día mejor y termina la semana con un día excelente. ¿Te imaginas cómo sería si ese fuera el caso? No, cada día de Dios es excelente. Si estamos caminando con Él, nosotros también podemos ser excelentes.

Obviamente, eres humano y vives en este mundo, así que nunca vas a ser perfecto. Nunca te irán bien todas las cosas ni harás todo perfecto, como Dios lo hace. Eso no significa que no puedas intentarlo con todas tus fuerzas, ni significa que no puedas esforzarte por tener el mismo espíritu excelente de tu Padre Dios.

Tener un espíritu excelente es tan solo una parte más de tu viaje hacia la renovación de tu mente. No intentes tan solo *pasar por la vida*. Tú no estás aquí solo para intentar sobrevivir; no tienes una mentalidad tibia, poco entusiasta, sobre las cosas que haces. Sea lo que sea lo que haces, hazlo con todo tu corazón, como para el Señor

(Colosenses 3:23). Busca lo mejor de Dios con todo lo que hay dentro de ti. Busca sobresalir.

Cuando eres padre, sé el mejor padre posible. Cuando estás cuidando de tu hogar, esfuérzate por crear un entorno excelente: limpio, bien ordenado y de paz. Cuando estés trabajando, sé un empleado excelente, alguien que tiene fama de ser un buen modelo a seguir.

Muchas personas, incluso cristianas, son mediocres en sus esfuerzos. Nunca se emplean al máximo. Tienen la actitud de: *Bueno, veremos. Lo intentaremos. Le echaré un vistazo.* Así que sus vidas son tibias. Jesús nos dijo que Él prefería que fuésemos fríos o calientes en lugar de tibios (Apocalipsis 3:15-16).

¿Eres tibio en la forma en que vives tu vida? ¿Cómo cuidas de tu hogar? ¿De tu automóvil? ¿De tu ropa? ¿Cómo vigilas las distintas áreas de tu vida, de tu mundo? ¿Eres tibio con respecto a la manera en que te comportas en el trabajo? ¿Eres tibio en tu matrimonio y con tus hijos? ¿Cuidas de ti mismo físicamente de una forma mediocre? La excelencia tiene que ver con estar involucrado en cada aspecto de tu vida. Un espíritu de excelencia te capacita para vencer todo lo negativo.

Cuando pienso en un ejemplo de excelencia, siempre miro el libro de Daniel. Primero, tenemos que recordar que Daniel era un refugiado. Sus padres resultaron muertos cuando Babilonia invadió Jerusalén. Nabucodonosor, el rey de Babilonia, mandó a los babilonios matar a todos los ancianos judíos y llevarse a Babilonia a los mejores jóvenes, a los más brillantes. El malvado rey solo quería "muchachos en quienes no hubiese tacha alguna, de buen parecer, enseñados en toda sabiduría, sabios en ciencia y de buen entendimiento" (Daniel 1:4). Él solo quería lo mejor de los jóvenes para su reino.

Daniel era parte del grupo de jóvenes excelentes de Nabucodonosor. Según se desarrolla la historia, Daniel es huérfano y refugiado. No solo ha perdido físicamente todo aquello con lo que estaba familiarizado, sino que también está viviendo en un país que no reconoce ni honra a su Dios. Daniel está intentando defender lo que cree en un mundo donde lo ha perdido todo. Nada en su mundo es igual; todo es muy distinto y totalmente contrario a lo que él estaba acostumbrado. En medio de esta tragedia y cambio, Daniel se destacó del resto.

Daniel no se amoldó, y tampoco siguió a la masa. En Daniel 1:5 el rey decretó que solo se les diera de comer a estos jóvenes ciertos alimentos mientras les preparaban para servir al rey. También fijó tres años de riguroso entrenamiento como parte del plan tan específico que había puesto en marcha; pero Daniel no se amoldó a lo que su nuevo mundo le dictaba. En el versículo 8, Daniel se propuso no contaminar su corazón y pidió comida y bebida distintas a la del resto.

Si terminas de leer la historia de Daniel, capítulo uno, verás que defendió lo que sabía que estaba bien y no tomó el camino más fácil. Demostró su valía a los que estaban sobre él, y al final del periodo de entrenamiento, no había ningún otro entre ellos como Daniel y sus tres amigos, Ananías, Misael y Azarías (a quienes conocemos como Sadrac, Mesac y Abed-nego). Daniel 1:20 dice: "En todo asunto de sabiduría e inteligencia que el rey les consultó, los halló diez veces mejores que todos los magos y astrólogos que había en todo su reino".

Tras muchos años, mucho drama y un nuevo rey, la historia continúa. El nuevo rey tenía un problema. Tuvo un extraño sueño y buscaba que alguien lo interpretase. Cuando todos los demás fallaron, llamó a Daniel. Daniel 5:12 dice: "por cuanto fue hallado en él mayor espíritu y ciencia y entendimiento, para interpretar sueños y descifrar enigmas y resolver dudas; esto es, en Daniel, al cual el rey puso por nombre Beltsasar. Llámese, pues, ahora a Daniel, y él te dará la interpretación".

Debido a su espíritu excelente, Daniel pudo vencer todo lo negativo que había a su alrededor. Tuvo una vida de oración y hábitos excelentes. Era el líder de sus amigos y aquel a quien todos miraban cuando necesitaban respuestas. Daniel nunca se postró ante el mundo, nunca se rindió al enfrentar situaciones abrumadoras, y se le recordará para siempre como aquel que tenía un *espíritu excelente*.

Piensa en *excelencia* en todo lo que hagas, *excelencia* en cómo te conduces tú mismo y tu trabajo. Cuando eleves el listón hasta la *excelencia*, Dios te elevará a ti. Si sigues pensando solo en sobrevivir, con la mentalidad de: *Haré lo suficiente para pasar,* nunca sobrepasarás la media. No dejes que tu mente sea conformada a los patrones del mundo. No seas alguien que piensa: *No voy a hacer más, porque nadie está haciéndolo a mi alrededor. Yo no voy a hacerlo mejor, porque nadie más lo está haciendo mejor. Me voy a limitar a hacer lo que todos hacen, porque estoy cansado de pensar en hacer más.* Si tienes esa mentalidad de *escasez*, estás atascado.

Al igual que Daniel, puedes decidir: *Voy a tener un espíritu excelente. Voy a sobresalir y a superar lo que se considera la media. Según la medida de mis capacidades, voy a ser excelente en todo lo que haga.* Observa cómo Dios te prosperará cuando decidas ser distinto, alguien con un *espíritu excelente*.

# DOCE

*Te doy un futuro y una esperanza.*

—Jeremías 29:11

## Prosigue hacia tu futuro

Había una vez un joven que iba caminando por la carretera cuando se cruzó con una rana. El muchacho tomó la rana, y mientras continuaba por su camino, la rana comenzó a hablarle. Le dijo: "¡Oye, muchacho! Este es tu día de suerte. Soy una rana milagrosa. Si me besas, me convertiré en una princesa. Te amaré para siempre, y viviremos felices durante el resto de nuestra vida". Los ojos del muchacho se iluminaron, y puso una gran sonrisa. Después metió a la rana en su bolsillo, y siguió caminando. Enseguida la rana se salió del bolsillo, sacó su larga lengua y lamió la cara del muchacho, y dijo: "¡Oye, muchacho! ¡Soy una rana milagrosa! Bésame, y me convertiré en princesa. Te amaré para siempre, y viviremos felices durante el resto de nuestra vida". El niño volvió a sonreír y siguió caminando. Bueno, esta vez la rana sacó su larga lengua y dio una cachetada con ella al rostro del muchacho, y dijo: "¡Oye! ¿Qué te pasa? ¡Bésame! Me convertiré en una princesa. Te amaré para siempre y viviremos felices durante el resto de nuestra vida". Bueno, el niño tomó a la rana y se la puso a la altura de sus ojos, mirándola fijamente, y dijo: "Rana, te escuché la primera vez, pero solo tengo ocho años y no quiero una princesa. ¡Prefiero una raña parlante!".

Esta es mi pregunta para ti: ¿Está Dios intentando darte un príncipe o una princesa, pero tú estás enfocado en una rana parlante? Quizá Dios tenga más para tu vida de lo que jamás soñaste. Tal vez su plan y su destino para ti son mucho mayores, mucho más abundantes y mucho más reconfortantes de lo que te has imaginado nunca.

¿Cuántas veces dijo Jesús a personas: "¿Qué puedo hacer por ti? ¿Qué quieres de mí? ¿Qué estás buscando?". ¿Por qué hizo el Señor esas preguntas cuando las respuestas parecían ser tan obvias?

En Marcos 10:46-52, un hombre ciego llamado Bartimeo escuchó que Jesús andaba cerca. Comenzó a gritar: "Jesús, hijo de David, ¡ten misericordia de mí!". La gente que le rodeaba le dijo que se callara, pero él siguió gritando más alto. Jesús le escuchó gritar, y se detuvo, y después pidió que le trajeran a Bartimeo. Jesús hizo algo que puede parecer impactante para la mayoría de nosotros. Dijo: "¿Qué quieres que haga por ti?".

¿Acaso el Señor no sabía lo que quería el *ciego* Bartimeo? Era obvio que quería volver a ver, ¿no es así? Podría ser, pero creo que el Señor está diciendo algo importante. Nos está enseñando el valor que tiene expresar nuestros deseos de forma clara y abierta. ¿Qué necesitas? ¿Para qué vives, y qué quieres en la vida? El ciego Bartimeo podría haber pedido cualquier cosa al Señor, pero quería ver. Jesús le exigió que pidiese, que dijera claramente lo que quería.

Nuestros pensamientos a menudo se ven atrapados en lugares erróneos cuando caminamos por la vida. Quizá tus pensamientos han estado desenfocados, tu visión ya no es clara, y estás pensando en las cosas incorrectas. Has perdido de vista todo lo que Dios tiene para ti.

# Unas palabras de Wendy:
# ¿Quién te crees que eres?

Incluso de niña, tenía un fuerte deseo de liderar. Recuerdo claramente tener que mudarme cuando tenía siete años. Nuestra familia siempre se mudaba a principios de verano, cuando no había escuela en curso. Era el peor momento para mudarnos porque, en nuestro nuevo hogar, no tendría amigos con los que jugar en el verano. Como todos queríamos amigos con los que jugar, mi hermana mayor me dijo: "Vamos, vayamos casa por casa para ver si podemos encontrar algún amigo; pero Wendy, tú eres la que tiene que hablar, porque eres la que mejor hace eso".

Quiero recordarte que no soy la mayor. Solo estaba en segundo grado y mis otras dos hermanas eran más mayores. Al acercarnos a la puerta, visualiza esto: Cuatro niños preciosos en tu puerta, diciendo:

"¿Hay algún niño en su casa con el que podamos jugar?". ¡Yo me sentiría fatal si tuviera que decir no a toda esa ternura!

La inclinación natural de mi personalidad era ser una líder, pero cuando llegué al instituto, esa niñita se había ido. La niña que estaba dispuesta a llamar a las puertas y ser una líder ya no existía. Había comenzado a verme a través de unas lentes muy pequeñas. Comencé a pensar: "No puedes hacer eso". Así que no hacía nada. Básicamente me quedaba en mi propio mundo pequeño, sin ninguna gran expectativa y sin ir muy lejos.

Veo mi vida y pienso: ¿no es asombroso cómo el diablo robó tan sutilmente mi autoestima, mi energía y mi personalidad extrovertida? No estaba haciendo nada terrible; ¡tan solo que tampoco hacía nada bueno! ¿Cuántos de nosotros no éramos locos y salvajes? No éramos como mi esposo, siendo arrestado, robando autos y entrando en la cárcel, pero tampoco estábamos haciendo nada positivo.

El diablo viene a robar, matar y destruir. Jesús vino para darnos vida, vida en abundancia (Juan 10:10). Renovar tu mente conforme a los caminos de Dios volverá a poner el enfoque correcto en esas áreas de dones que han quedado borrosas con el tiempo. Él tiene un plan maravilloso para ti; ¡depende de ti que te aferres o no a él!

Tú dices: "Pastor Casey, ¿no me ama usted tal como soy?". Sí, te amo como eres, ¡y Dios también te ama tal y como eres! Él también te ama lo suficiente como para no dejarte como estás. Sí, te amo como eres. Tú me amas como soy, pero no quieres que siga así durante toda mi vida. Tú esperas que yo continúe aprendiendo la Palabra y siendo un mejor cristiano. Probablemente esperas que madure, y estoy seguro de que también esperas que siga pareciéndome más a Jesús.

Amaba a mis hijos cuando tenían cinco años, pero no quería que se quedaran como niños de cinco años durante toda su vida. Por muy bonita que fuera esa edad, actuar como un niño de cinco años no sería bonito a los quince años. Amaba a mis hijos cuando llegaban a cada edad, pero estoy contento de que no sigan actuando así en el presente. Todos tenemos que seguir creciendo y avanzando en la vida.

Como seres humanos, estamos diseñados para avanzar. Cuando sientes que no estás llegando a ninguna parte, que tu vida no avanza, es cuando comienzas a desanimarte. Comienzas a perder la esperanza. Ese sentimiento de estancamiento viola tu misma naturaleza, y va en contra de todo lo que Dios ha puesto dentro de ti. Recuerda que estás hecho a imagen y semejanza de Dios. Cuando estás avanzando, lleno de esperanza, sueños y visión, la vida es buena.

A la mayoría nos encanta comenzar un año nuevo. Hacemos grandes planes, nos marcamos metas, y estamos llenos de una fresca inspiración para lo que queda por delante. Nos vemos asumiendo nuevos riesgos. Muchos acaban de empezar la universidad o están listos para encontrar un nuevo empleo, y la vida es emocionante.

Parece que cuanto más joven eres, más te emociona un nuevo año y todo lo que traerá; pero a medida que maduramos, a menudo desconectamos de la emoción de la visión y de los sueños. Dejamos de renovar nuestra mente. Dejamos de aprender y crecer, y así la vida se estanca y comenzamos a sentirnos desesperanzados.

Ese sentimiento de desesperanza que a menudo tienes cuando no hay visión trae consigo un sentimiento de impotencia. Cuando te sientes impotente, comienzas a buscar formas de deshacerte de tu dolor. Comienzas a buscar formas de investigar: encontrar un nuevo cónyuge, un nuevo trabajo, una nueva novia o una nueva tarjeta de crédito.

Cuando te sientes impotente, de forma natural comienzas a explorar formas de medicar tu dolor, ya sea con drogas, alcohol, sexo o incluso la comida. Piensas: "Quizá veré más la televisión. Quizá beberé más, o tomaré medicinas. Quizá tomaré drogas. Tal vez haré alguna locura como entrar en línea y descubrir qué hace mi antiguo novio del instituto". ¿Te has vuelto loco? Sí, ¡así es! Si no estás creando diariamente una visión de tu vida con la Palabra de Dios, ¡estás perdiendo la batalla de tu mente!

Dios le dijo a Abraham en Génesis 13:14: "Alza ahora tus ojos, y mira". ¿Qué pasaría si pudieras alzar tus ojos y *ver* todo lo que Dios tiene para ti? Es posible. No estoy hablando de automóviles o casas. Esas cosas son cosas naturales y materiales que nos ayudan a ver lo que es posible también en otras áreas. Dios tiene mucho más para nosotros que tan solo cosas naturales. Y lo que es posible en lo natural también es posible en otras áreas de tu vida. Puedes alzar tu visión y tener algo distinto en *cada* parte de tu vida: espíritu, alma y cuerpo. Alza tus ojos y verás tu tierra prometida.

¿Recuerdas lo que ocurrió cuando la nación de Israel estuvo de pie al borde la Tierra Prometida? La historia se encuentra en Números capítulo 13. El Señor le habló a Moisés en los versículos 1 y 2 y le dijo que enviara a algunos hombres a espiar la tierra de Canaán. Obedeciendo el mandamiento de Dios, Moisés envió a doce espías. Se escogió un espía de cada una de las doce tribus. Cuando los doce espías regresaron, diez de ellos dieron un mal informe. Números 13:27-28 dice: "Y les contaron, diciendo: Nosotros llegamos a la tierra a la cual nos enviaste, la que ciertamente fluye leche y miel; y este es el fruto de ella. Mas el pueblo que habita aquella tierra es fuerte, y las ciudades muy grandes y fortificadas; y también vimos allí a los hijos de Anac".

Los espías estaban emocionados por todo lo que la tierra tenía para darles. Era asombroso; se quedaron impresionados por la abundancia de provisión y la gran belleza. La Biblia dice: "ciertamente fluye leche y miel". Llevaron con ellos algunos de los frutos para mostrar que eran mucho mejores y más grandes que los que habían visto nunca. La tierra que Dios les había prometido era mucho mejor de lo que podrían haber imaginado.

Pero mientras estaban hablando acerca de la tierra, diez de los espías dieron un informe negativo. No solo estaban asombrados por la riqueza de la tierra, sino que también se llenaron de temor, inquietud y duda. En vez de recordar que Dios les había prometido esa tierra, permitieron que sus sentidos tomaran las riendas. Al mirar con sus ojos en lugar de sus corazones, solo vieron que había gigantes entre el pueblo y que las ciudades estaban fortificadas. En vez de mirar con los ojos de la fe, miraron con sus ojos naturales, y no pudieron *ver* forma alguna de poseer la tierra. En el versículo 33 dijeron: "También vimos allí gigantes, hijos de Anac, raza de los gigantes, y éramos nosotros, a nuestro parecer, como langostas; y así les parecíamos a ellos". Su mente estaba fijada ya. Su mente se llenó de todo tipo de razones por las que no podían poseer la tierra. Debido a la duda, perdieron todo lo que Dios les había prometido.

Aunque los diez espías se convencieron a sí mismos y al pueblo de que nunca pedirían su tierra prometida, había dos espías con una historia distinta. Caleb y Josué regresaron con otro informe distinto. Números 13:30 dice: "Entonces Caleb hizo callar al pueblo delante de Moisés, y dijo: Subamos luego, y tomemos posesión de ella; porque más podremos nosotros que ellos".

Caleb y Josué dijeron: "Podemos hacer esto". Estaban listos para poseer la tierra, pero el resto de los espías dijeron cosas negativas y convencieron al pueblo de que era imposible. El pueblo de Israel había sido esclavo durante tanto tiempo que, aunque habían salido de la esclavitud, la mentalidad de esclavos aún seguía en ellos. Miraron todo lo que la tierra les podía dar y vieron algo que no podían imaginar que conquistarían. No miraron con los ojos de la fe en la promesa de Dios; solo vieron su propia ineptitud. Dijeron entre ellos: "Es demasiado bueno para ser cierto. Es demasiado grande. Es demasiado maravilloso". Creyeron que nunca podrían vivir en un lugar así. Miraron la situación externa y no *vieron* ninguna manera de vencerla.

En Números 14:24 la Biblia nos dice: "Pero a mi siervo Caleb, por cuanto hubo en él otro espíritu, y decidió ir en pos de mí, yo le meteré en la tierra donde entró, y su descendencia la tendrá en posesión". Caleb había dicho: "Vayamos. Podemos ganar la batalla. Podemos vencer". Pero fue demasiado para el pueblo. Ellos no podían creer. No pudieron poseer la Tierra Prometida por la fe, y *no* la poseyeron en lo natural. Caleb y Josué fueron los únicos que entraron.

Dios le dijo a la nación de Israel en Números 14:30: "Vosotros a la verdad no entraréis en la tierra, por la cual alcé mi mano y juré que os haría habitar en ella; exceptuando a Caleb hijo de Jefone, y a Josué hijo de Nun". Toda la nación se quedó sin entrar en la Tierra Prometida porque no pudieron renovar su mente en base a las promesas de Dios. A los ochenta y cinco años de edad, Caleb poseyó su monte en la Tierra Prometida.

Seguro que lo has visto también hoy: personas que han salido de la pobreza pero la pobreza sigue en su interior. Muchos han salido de una situación abusiva, pero el abuso aún sigue en ellos. Una persona que ha dejado de ser una víctima, pero sigue teniendo mentalidad de víctima. Lo mismo ocurrió con Israel. Eran libres de Egipto, pero la esclavitud aún estaba en ellos.

¿Recuerdas lo que dijeron? "Hay gigantes en la tierra y a su lado parecemos langostas". Los hijos de Israel no solo pensaban que los habitantes de la tierra los veían como langostas, sino también era así como ellos mismos se veían. Se veían como langostas. Eran las mismas personas a las que Dios acababa de liberar de la esclavitud. ¡Habían cruzado el Mar Rojo! Dios les dio una columna de fuego por la noche y una columna de nube por el día. Vieron milagros, comieron el maná y se les dio agua de una roca. Pero aun así, no podían creer.

La nación de Israel había visto de primera mano la liberación de Dios. Él había hecho milagros sobrenaturales por ellos, y sin embargo el espíritu de su mente aún seguía siendo oscuro y pequeño. El espíritu de su mente estaba lleno de pensamientos como: *Somos personas pobres, y no hay manera de que podamos tener nuestra propia tierra. Además, somos como langostas.* Eso es lo que dijeron porque ese pensamiento es el que había en ellos. Su creencia, y la tuya, sale del corazón, primero en pensamientos, después manifestada en palabras y a través de acciones.

¡Caleb y Josué fueron distintos al resto! Dijeron: "¡Vamos! Podemos vencer porque Dios está con nosotros". No estaban promoviendo su propia idea; se estaban posicionando sobre la promesa de Dios para esa situación. Los israelitas no creyeron; por lo tanto, ni un adulto de más de veinte años de edad pudo entrar en la Tierra Prometida salvo Josué y Caleb. Cuarenta años después, como el Señor había ordenado, el pueblo entró y poseyó la Tierra Prometida.

¡Qué tragedia! Mira la cantidad de personas que no entraron en la Tierra Prometida. ¿Cuántas personas hoy se pierden su destino? No es una situación idéntica, pero ¿cuántos se pierden lo que Dios tiene para ellos simplemente porque el espíritu de su mente no lo puede aceptar? No pueden creer. Dicen: "Me cuesta mucho entenderlo". Bueno, está bien… entonces no lo podrás tener. Si no puedes entenderlo, no puedes tenerlo. Si quieres heredar las promesas de Dios, tienes que preparar tu mente para algo mayor. Tienes que verlo como la voluntad de Dios.

A menudo aceptamos como normales cosas que son directamente contrarias a la Palabra de Dios. No podemos entrar en nuestra tierra prometida, la cual incluye todas las promesas escritas en la Palabra de Dios, cuando no aceptamos todas las promesas de Dios. ¿Cuántas de esas promesas has poseído ya? O como los israelitas, ¿cuántas cosas ves *demasiado grandes* como para que las tengas?

Dios nos promete un cuerpo sano, y vivir una vida larga y saludable. Esa es su promesa para nosotros, pero muchas personas se persuaden a sí mismas para estar enfermos. Cuando hablan sobre achaques físicos, dicen cosas como: "Mi enfermedad, mi dolor de cabeza, mi dolor de espalda, mi cáncer, mi diabetes". Están deseando contarlo: "Mi diabetes cada año está peor". Lo nombramos, lo reclamamos y después nos aferramos a ello.

Tener una *mentalidad de enfermedad* es común. La enfermedad se ha convertido en una forma de vivir, especialmente en los países que están más civilizados. Por civilizado me refiero a esos países con la mejor tecnología, medios de comunicación y medicina. En los Estados Unidos escuchamos constantemente sobre la enfermedad y la medicina que necesitamos para curarnos; y desde luego, si la enfermedad o la medicina no nos mata, sí lo harán los efectos secundarios. Escuchamos sobre la enfermedad veinticuatro horas al día, siete días por semana, y después nos preguntamos por qué nunca nos sanamos. Piensa cómo sería si alimentaras el espíritu de tu mente solo con pensamientos de sanidad y bienestar. Piensa en qué sucedería si diariamente confesaras: "Estoy sano en el nombre de Jesús. Por su llaga he sido curado".

Primera de Pedro 2:24 dice: "quien llevó él mismo nuestros pecados en su cuerpo sobre el madero, para que nosotros, estando muertos a los pecados, vivamos a la justicia; y por cuya herida fuisteis sanados". ¿Qué ocurriría si renovaras el *espíritu de tu mente* con respecto a tu salud, con respecto a tu fuerza y vitalidad? ¿Qué sucedería? Caminarías un poco más rápido. Buscarías escaleras que subir en vez de un elevador. Comenzarías a disfrutar del ejercicio, y vivirías una vida más larga y más saludable. Comenzarías a *sentirte* saludable, y *estarías* saludable. Recuerda: *cual es su pensamiento en su corazón, tal es el* (Proverbios 23:7). La batalla que tú y yo estamos peleando es entrar diariamente en la tierra prometida de Dios.

Números 14:18 dice: "Jehová, tardo para la ira y grande en misericordia, que perdona la iniquidad y la rebelión, aunque de ningún modo tendrá por inocente al culpable; que visita la maldad de los padres sobre los hijos hasta los terceros y hasta los cuartos".

Esta afirmación parece una contradicción, ¿no crees? Este versículo nos está diciendo que Dios es misericordioso, pero visita la maldad de los padres sobre los hijos hasta la segunda, tercera y cuarta generación. Eso no parece misericordioso, ¡y mucho menos justo! Cuando veo un versículo que no tiene sentido, vuelvo a leerlo para ver lo que puedo aprender. Leamos con un poco más de detalle.

Dios no está hablando sobre hacerte responsable personalmente de un error que cometió tu padre en el pasado. Eso no sería justo, y no es algo que Él haría. Lo que dice este versículo es que la negatividad con la que fuiste criado, con la que viviste y la cual aceptaste, te acompañará.

Si fuiste criado en un hogar de divorcio, las estadísticas dicen que es probable que tú también te divorcies. Si fuiste educado en un hogar alcohólico, las estadísticas nos dicen que probablemente tú serás alcohólico. No es un hecho cierto en el cien por ciento de los casos, pero las probabilidades son mucho más altas por la forma en que fuiste educado. Es necesaria una decisión consciente de renovar el espíritu de tu mente, o de lo contrario terminarás en las mismas circunstancias que tus padres, y los padres de ellos, y sus padres antes de ellos. La

Biblia dice en Proverbios 22:6: "Instruye al niño en su camino, y aun cuando fuere viejo no se apartará de él". También podríamos decir: "Instruye al niño en el camino por el que *no* debería ir, y aun cuando fuere viejo tampoco se apartará de él".

# Unas palabras de Wendy: Gloríate solo en ti

Llegar al instituto bíblico fue algo emocionante y a la vez estresante, y estaba más que preparada para comenzar en esta nueva vida. Tenía ganas de conocer a mi nueva compañera de piso. Finalmente, tendría a alguien que fuera en mi misma dirección, queriendo aprender las cosas de Dios. Después de acomodarnos, una de nuestras primeras decisiones como compañeras de piso fue que nos sentaríamos en las camas cada noche y leeríamos juntas la Biblia.

Una noche, encontré un versículo que se convirtió en la piedra angular de mi caminar con Cristo. Era Gálatas 6:4, y dice: "Así que, cada uno someta a prueba su propia obra, y entonces tendrá motivo de gloriarse sólo respecto de sí mismo, y no en otro". Este solo versículo revolucionó mi vida. Aún recuerdo el impacto que sentí la primera vez que lo leí hace unos cuarenta años. Cuando lo leí, *gloriarse solo de sí mismo* abrió algo en mi vida que Dios me habla continuamente en el corazón. Una y otra vez, esa pequeña voz me ha dicho: "Deja de juzgarte. Aprende a amar el don, el llamado, la fuerza que hay dentro de ti".

Cuando miraba a mi hermana mayor, que ahora es maestra en una escuela, siempre pensaba: *Yo nunca seré tan buena como ella.* Pensaba muchas veces: *Mi hermano es un empresario muy inteligente y mucho más brillante que yo.* Mientras me ahogaba en la comparación con mis hermanos, la Palabra de Dios me enseñó a *gloriarme solo en mí y no en otro.* Él me dijo: "Wendy, deja de intentar alinear tu personalidad, estilo y dones con estas personas". Podía ver que no era como mi hermana, pero pensaba que ella era *mejor* que yo, así que intentaba ser como ella. Intentaba ser como mi hermano porque pensaba que él era *mejor* que yo.

¿Cuántos de nosotros recorremos este tipo de caminos durante toda nuestra vida? Siempre hay alguien *mejor*. Siempre miras a alguien y piensas: "¿Por qué no puedo ser como él? ¿Por qué no puedo parecerme a él?". Dios dice: "No, no, no, hijo. Quiero que empieces a pensar de ti como yo pienso de ti".

Jeremías 1:5 dice: "Antes que te formase en el vientre te conocí, y antes que nacieses te santifiqué". El Salmo 139:13 dice: "Porque tú formaste mis entrañas; Tú me hiciste en el vientre de mi madre".

La Palabra de Dios y su Espíritu me han ayudado a renovar mi mente y me han dado la capacidad de pensar distinto de mí misma. La Biblia dice en Mateo 22:37-39 que tenemos que *amar a Dios y amar a nuestro prójimo como a nosotros mismos.* No puedes amar a tu prójimo si no te amas a ti mismo. Es imposible amar a alguien con el que siempre te estás comparando. Permite que Dios te muestre cómo te ve Él. Estás hecho de una forma especial, eres único, y creado con el propósito de Él en mente.

¿Qué traes contigo desde tu infancia que está siendo un obstáculo? No dejes que los pecados de tus *padres* pasen a la siguiente generación. Tú tienes la capacidad de detenerlos. Me encanta cuando veo a personas que hacen cambios en su vida y vencen el pasado al que antes estaban atados. Uno de mis mejores amigos venía de un trasfondo de alcoholismo, divorcio, abuso y negatividad. Rompió los pecados que le habían sido transmitidos mediante su familia. Ha asumido seriamente su responsabilidad de romper esa herencia negativa y ahora está transmitiendo un nuevo destino a sus propios hijos. ¿Por qué? Porque vio el valor de la Palabra de Dios y la diferencia que podía marcar en su vida. Lo que ha hecho, con la ayuda del Espíritu Santo, significa que sus hijos ahora irán con un nuevo espíritu en su mente y la presencia de Dios en sus vidas. Qué cosa tan maravillosa: romper el espíritu negativo y transmitir algo mejor a la siguiente generación.

Como padres queremos darle a la siguiente generación la oportunidad de entrar en su tierra prometida. Queremos que tengan la oportunidad de vivir una vida mejor. Queremos mostrarles una vida más alta, más abundante en Cristo que la que nos dieron a nosotros. Queremos transmitir lo mejor a nuestros hijos y a sus hijos. Es posible. Tú puedes vencer cualquier limitación y vencer cualquier negatividad.

El Salmo 78:41 dice: "Y volvían, y tentaban a Dios, y provocaban al Santo de Israel". Israel entristeció a Dios porque lo provocaron. Él se contristó cuando dijeron: "No podemos hacerlo. Nunca sucederá. No podemos tener nuestra propia tierra. ¡Nunca conseguiremos hacerlo!". Ellos provocaron a Dios, y Él se entristeció.

Tú y yo no queremos que Dios se entristezca nunca. Sé una persona que quiere siempre lo mejor de Dios, alguien que desea más. Sé alguien que aunque sea demasiado directo, siempre esté ahí, confiando en Dios y diciendo: "Sí, Señor, ¡creo! Te creo cuando dices que puedo". No limites lo que Dios puede hacer a través de ti. Cree que Él tiene una vida abundante, una tierra prometida, ¡un destino maravilloso solo para ti!

Jesús tiene planeada para nosotros una vida mucho más abundante. Tiene mucho más para nosotros de lo que podamos creer jamás. Al renovar nuestra mente según su Palabra, comenzamos a entrar en su plan. Nunca dejes que la condenación de un mundo religioso, o la negatividad, o un mundo pecaminoso te retenga. Por la gracia de Dios, tú eres su hijo; tienes un destino maravilloso y una eternidad. Este mensaje de renovación y cambio nunca debería ser una presión para llevar a cabo o estar a la altura. Es la gracia de Dios lo que salva, sana, renueva y cambia nuestra vida. Su gracia nos hace lo que somos; nosotros tan solo abrazamos su gracia. Le respondemos, y Él nos empodera para llegar a ser todo aquello que Él nos ha llamado a ser.

La Biblia nos enseña que *por la gracia de Dios, somos lo que somos*. Su gracia nos capacita para ser cambiados a su imagen y cumplir su voluntad. Creamos que el Padrenuestro está funcionando cada día, que *su voluntad se hace como en el cielo, así también en la tierra*. Con la gracia de Dios y su ayuda, creo que tú prosperarás en todas las cosas y tendrás salud. Tu familia será bendecida en todos los sentidos. Tu historia tendrá un final maravilloso.

# TRECE

## Desintoxica tu alma

## De Casey y Wendy

El deseo de nuestro corazón es inspirarte y capacitarte para que veas una renovación real y duradera en tu vida. Por la gracia de Dios, puedes caminar en nuevas esferas de vida. Para experimentar cosas nuevas, necesitamos nuevos pensamientos y nuevas formas de pensar. Con eso en mente, queremos compartir un mensaje de nuestro hijo mayor Caleb en este último capítulo. Caleb es como nosotros en muchos sentidos. Él también está buscando la renovación y ha aportado cosas nuevas a su familia y a la nuestra. Tiene una forma maravillosa de ver las cosas del Señor y presentarlas a la iglesia. Una de las cosas más importantes que debemos renovar es cómo nos vemos a nosotros mismos, el valor y la valía que ponemos en nosotros. El siguiente capítulo elevará tu autoestima y te ayudará a verte a través de los ojos de Dios.

## Capítulo extra de Caleb Treat

Desintoxicar es un gran asunto hoy día. Cuando te sometes a una desintoxicación física, se elimina la basura de tu sistema y se reinicia tu cuerpo para funcionar como debiera. Desintoxicar tu cuerpo lo limpia y reinicia tus hábitos alimenticios, y lo mismo ocurre con la desintoxicación de tu alma. La desintoxicación de tu alma te permitirá eliminar las limitaciones que se han asentado en tu vida. Al reiniciar el valor que te atribuyes, también reinicias tus limitaciones.

Los límites de tu vida se establecerán en base al valor que te atribuyas. Tu valía, cómo te ves a ti mismo, es una parte enorme de cómo vives tu vida. Quizá no te des cuenta del efecto que tu valor, no tu verdadero valor sino el valor que crees que tienes, produce sobre tu vida.

Si te ves como alguien muy valioso, especial, único e individual, tendrás fronteras más grandes y menos límites; pero si te ves como alguien sin valía, devaluado, menospreciado, avergonzado de ti mismo, dubitativo, sigues haciendo que tu valor cada vez sea menor. Tu mundo seguirá encogiéndose. La manera en que ves tu valor establece los límites de tu vida.

"Jesús le dijo: Amarás al Señor tu Dios con todo tu corazón, y con toda tu alma, y con toda tu mente. Este es el primero y grande mandamiento. Y el segundo es semejante: Amarás a tu prójimo como a ti mismo. De estos dos mandamientos depende toda la ley y los profetas" (Mateo 22:37-40).

Amarás a tu prójimo como a ti mismo. Este capítulo continúa diciendo que de *estos dos conceptos,* de estos dos principios, *"depende toda la ley y los profetas"*. Eso significa que todo el Antiguo Testamento se puede resumir en esto: *ama a Dios y ama a la gente, como a ti mismo.*

La mayoría de nosotros conocemos estos versículos, pero por lo general los recordamos como amar a Dios y amar a la gente. ¿Cuáles son los dos grandes mandamientos? Amar a Dios y amar al prójimo. Nosotros leemos *ama a tu prójimo,* y nos detenemos ahí. Pero no se termina ahí, aún no ha acabado. El versículo sigue diciendo: *como a ti mismo.*

Si no sabes cómo amarte a ti mismo, todo este principio se desmorona. No puedes comenzar a hacer esta tarea si no sabes cómo amarte, porque amar al prójimo depende de tu capacidad de amarte a ti mismo. La manera en que te ves y el valor que te atribuyes definirán los límites del amor que tienes por la humanidad. No puedes amar a este mundo si no puedes amarte a ti mismo.

¿Cuál es el tamaño de tu mundo? ¿Cuál es el tamaño de tus límites? ¿Los has explorado? ¿Has terminado con todas tus metas y deseos? ¿Tienes límites en tus sueños, tu visión y la esperanza de un gran futuro? O te estirarás y dirás: "Dios, ¿qué tienes para mí? Como dijo Pablo, voy a correr mi carrera. Voy a terminarla. Sé que tú tienes más para mí". O piensas: *Tú no me conoces. No conoces mi pasado. Nadie me ha amado nunca. Dios no me puede usar.* Te menosprecias, y en el proceso limitas tu vida; en esencia, estás limitando a Dios al creer que Él no te puede usar. No sabes cómo amarte porque te valoras muy poco. Te sientes hecho pedazos y crees que Él no te puede usar.

El valor que pones en algo define la forma en que lo tratas. Si valoras mucho algo, lo tratarás bien. Si algo lo valoras poco, realmente no lo tratarás bien. Este es el ejemplo perfecto. Cuando te compraste ese auto nuevo, dijiste algo como: "¡Nadie va a comer dentro de mi auto! ¡No iremos al McAuto con él! No, no-no, no lo haremos aunque cerremos bien las bolsas, ¡nos esperaremos hasta llegar a casa! ¡No quiero ese olor en mi auto nuevo!". Pero si no te importa tu auto, porque es de alquiler o porque es viejo, comerás dentro de él. Incluso te *harás* las hamburguesas dentro del auto. No te importa. No importa porque lo valoras poco. Un auto nuevo: *prohibido comer.* Un auto de alquiler: ¿qué más da? Todo depende del valor.

Te has puesto ese traje tan bonito porque tienes una cita con tu esposa. Estás a punto de salir por la puerta cuando tu esposa te entrega al bebé, y tú piensas: ¡Ay! Me acabo de poner la camisa nueva. Valoras la ropa que llevas, ¿verdad? No quieres cargar al bebé, porque en un momento pueden suceder grandes tragedias con un bebé. Nunca sabes lo que sucederá. Tampoco lo sabe el bebé, no hay aviso previo. De repente, tienes esa mancha en tu camisa buena. Valor. Valoras la camisa. Ahora bien, cuando te pones esa camiseta vieja, realmente no te importa. Le limpias la baba al bebé ¡con tu camiseta! Piensas: *Deja que yo lo limpie.* Pero el domingo por la mañana, me he puesto mi traje y digo: "No me entregues al bebé ahora mismo. Voy a la iglesia". Valor.

El costo con frecuencia está ligado al valor, pero no es lo mismo. El precio que pagas por algo no es su valor. Como ejemplo, pongamos un par de tejanos que cuestan 50 dólares. Un chico del instituto, trabajando a tiempo parcial los fines de semana, tiene que ahorrar durante semanas y semanas para poder comprarse esos tejanos. Cuando lo hace, valorará esos pantalones porque le costó semanas ganar el dinero para comprarlos. Pero digamos que, unos años después, la misma persona con un trabajo a tiempo completo, con un buen sueldo, se va a comprar unos tejanos de 50 dólares como si nada. El precio no cambia, pero el valor que ponemos en ellos sí, y su forma de tratar esos tejanos también cambiará drásticamente. El precio no definió su valor. La forma en la que él valoró los tejanos definió cómo los trató. El modo en que valoras algo determina cómo lo tratas.

¿Cómo te valoras a ti mismo? El modo en que te valores establece el tono de cómo te tratarás a ti mismo. Si te valoras, no te menospreciarás todo el tiempo hablándote mal. No pensarás: *Soy un perdedor. No me puedo creer lo que hice.* Si valoras a tu esposa, le hablarás con respeto. ¿Cómo tratas a las personas de tu entorno? ¿Cómo tratas a tus amigos, tu jefe, tus compañeros de trabajo? ¿Valoras más ese auto de coleccionista que a la gente que te rodea? Tú tratas ese auto en tu garaje realmente bien. Tu matrimonio iría muy bien si tratases a tu esposa del mismo modo. Tus acciones expresan tu valor. El valor define cómo tratas a alguien, incluso a ti mismo. Aquello que valoras, lo tratarás bien.

El mundo tiene un sistema de valores interesante. El gobierno ha fijado *el valor de la vida* de varias formas distintas. La Agencia de Protección Medioambiental establece el valor de la vida humana en 9,1 millones de dólares. La Administración de Alimentos y Medicinas establece el valor de la vida en 7,9 millones de dólares. El Departamento de Transporte establece el valor de la vida en 6 millones de dólares. Pero la mayoría de las compañías de seguros de la salud, tanto privadas como gubernamentales, fijan el valor de la vida en 50.000 dólares. Un economista de Stanford fijó el valor medio de una persona al año en torno a 129.000 dólares. Cada uno fija una cifra con respecto al valor monetario de una vida humana.

Si alguien muere en un accidente, la familia quiere una *cifra* que represente el valor de esa persona. Si tu cónyuge muere en un accidente y culpas a alguien, o si tienes seguro de vida, esperas algún tipo de pago por esa vida. O bien tienes una cantidad de seguro predeterminada, o intentas definir una cifra que fije el valor de esa persona. La compañía de seguros decide el valor monetario en base a si era anciana o joven, en base a si tenía un buen trabajo o no, y si estaba sana o no. De repente, están intentando encontrar una manera de poner un valor en dólares sobre la vida de esa persona.

La mayoría de nosotros nunca diríamos esto en voz alta, pero internamente tenemos una idea de cuánto creemos que valemos. Piensa en ello de este modo: si yo te comparase con alguien, aunque tú nunca lo dijeras, tendrías una opinión de si eres más o menos valioso que esa persona. Nunca nos gustaría que nadie pudiera leernos la mente en ese momento, pero todos lo hacemos. Debido a nuestra carne, nuestra naturaleza humana, vemos a alguien y pensamos: *Sí, yo soy más (o menos) valioso que esa persona.* Comparamos nuestro valor con el suyo. Si queremos fijar nuestro valor, ¿por qué no ir en pos de la forma en que Dios quiere que lo definamos? Constantemente fijamos valores tanto en nosotros mismos como en las personas que nos rodean; entonces ¿por qué no dejar que Dios establezca nuestro valor?

¿Fija tu valor tu costo total? Tienes bienes, una casa bonita y un auto caro, inversiones y propiedades, algunas acciones y bonos, y después de restar todas las deudas, piensas: *Realmente me va muy bien*. Ese es tu costo total. Tú piensas: *Ese es mi verdadero valor porque, bueno, tengo un costo total bastante alto*. ¿O quizá te preocupan más los asuntos sociales? ¿Los asuntos culturales? Quizá fijas tu valor en base a los *Me gusta de Instagram*? Piensas: ¡Hoy le estoy gustando a la gente! ¡Ya tengo treinta Me gusta! Después, al día siguiente, recibes once Me gusta ¡y te sientes mal! Comienzas a pensar: ¡No le gusto a nadie! Solo tengo once Me gusta!

¿Cuántos establecemos nuestro valor debido a las redes sociales? ¿Define a cuántas personas le "gustes" en *Instagram* cómo te sientes? Vaya, ¿realmente estás dejando que eso defina el valor que le das a tu vida? Como el valor que le das a tu vida está definiendo los límites de tu vida, eso significa que ahora *Instagram* está poniendo los límites de tu vida. Yo no diría que eso es realmente cierto, pero estás dejando que eso defina cómo te sientes contigo mismo, y cómo te sientes contigo está definido por cómo ves tu valor. Tu valor fija los límites de tu vida. En realidad, *Instagram* ha influenciado sobre los límites que has permitido en tu vida.

*Nadie me sigue en Twitter. A nadie le importa lo que tengo que decir. Necesito tener más amigos en Facebook. Di un toque a 38 personas hoy y nadie me dio un toque a mí*. ¿Existe aún el toque en *Facebook*? Esto es lo que nos hace daño: *las cosas culturales cambian*. No son ciertas, tan solo son una moda. Si estás poniendo tu valor en algo que es una moda, y no una verdad, tu valor nunca será verdadero.

*Instagram* un día desaparecerá. Si has puesto tu valor en algo que no existirá algún día, ¿cómo sabes realmente cuál es tu valor? Retrocedamos unos años. ¿Cuántos recuerdan cuando existía *MySpace*? ¿Recuerdas lo importante que eran los "Top 8"? Era muy importante. Ibas a la página de alguien, y había ocho fotos, y básicamente, esos eran sus ocho mejores amigos. Seamos sinceros. ¿Cuántos fueron a una de las páginas de sus amigos, y aunque ellos estaban en tus Top 8, te diste cuenta de que tú no estabas en sus Top 8? Y pensaste: *Oh, no, ¡no lo hizo! Ya no estará más en mis Top 8. No me importa a quién ponga, pero no va a ser él*. Pusiste a tu madre en tus Top 8 porque ¡él ya no te importa! De repente, en ese momento, te sentiste devaluado debido a *MySpace*. En la actualidad, el Top 8 ni siquiera existe. En ese entonces era muy importante, pero estabas determinando tu valor sobre algo que no era ni siquiera cierto.

Las cosas culturales no son ciertas, son solo culturales. Hace años, cuando Jesús estaba aquí, los hombres tenían el cabello largo y llevaban túnicas. Era algo cultural; así era como se hacía. Hoy, ¡solo sigue existiendo el cabello largo! Jesús lo hizo. ¡Yo lo voy a hacer! Verás, no es que fuera cierto o no, era tan solo cultural. Era aceptado. Era una moda. ¿Cuántas personas hoy determinan su valor en base a si encajan o no en la moda? Estás determinando tu valor por una moda o un aspecto que cambiará. No tiene un impacto duradero en tu valor real.

¿Por qué permitir que una moda fije los límites de nuestra vida? ¿Hasta dónde te puede llevar Dios si no sabe cuándo te vas a rendir porque cambia la moda? *No sé, Dios, solo me estás usando, pero ahora están volviendo los pantalones de campana, ¡y yo no soporto llevar pantalones de campana!* Espera un momento y nuestra cultura cambiará. Los aspectos cambian, las modas cambian ¿y tú has perdido tu autoestima? Te viste a ti mismo de una forma equivocada.

Tienes que conocer la identidad de algo para asignarle un valor correcto. Cuando era pequeño, tenía una pelota de beisbol firmada por Ken Griffey Jr. ¿Qué te parece? Un día mi hermana la encontró, y en su inocencia, quería ayudarme a limpiarla. Pensaba que era una pelota sucia, y quién quiere una pelota sucia, ¿cierto? Así que ella pensó: *Vamos a limpiarla.* Tomó el jabón de los platos y la frotó. Se quedó totalmente limpia. Ella pensó: *Vamos a hacerlo bien, y esta pelota va a ser la pelota más limpia del mundo.* Como no conocía la identidad de la pelota de beisbol, no podía valorarla correctamente. Verás, si no conoces la identidad de algo, nunca entenderás su valor.

Recientemente vi una historia en las noticias sobre un hombre que es coleccionista de autos. Compra y vende autos clásicos antiguos. Un día vio en un granero un auto viejo, oxidado y estropeado, y le preguntó al propietario: "¿Cuánto pide por este auto?".

El hombre dijo: "Bueno, ahora mismo no funciona, no ha funcionado desde hace años. Deme 1.800 dólares y es suyo".

El hombre dijo: "¡Trato hecho! Me lo quedo". En la actualidad, ese auto se va a subastar, y se calcula que se venderá ¡entre 150.000 y 180.000 dólares! Una versión previamente restaurada de ese mismo auto ¡se vendió por 900.000 dólares!

El vendedor no conocía la identidad del auto, así que perdió mucho dinero. Si no conoces la identidad de algo, nunca entenderás su valor. Cuando el comprador lo vio, hubiera pagado mucho más por él, ¡porque sabía que aún ganaría dinero! Pero el propietario no conocía su valor, no sabía cómo identificarlo, y lo vendió por mucho menos de lo que valía.

¿Cuántos de nosotros nos estamos malvendiendo por no conocer nuestra identidad? ¿Cuántos viven vidas que malvenden el destino que Dios escribió cuando los creó? ¿Estás malvendiéndote tú y los planes y el propósito que Dios tiene para ti? Si no conoces tu identidad, si no sabes quién eres, entonces no puedes definir tu valor. Si no puedes definir tu valor, verdaderamente no conoces los límites de tu vida.

Juan 1:1-3 realmente nos ayuda a definir nuestra identidad: "En el principio era el Verbo, y el Verbo era con Dios, y el Verbo era Dios. Este era en el principio con Dios. Todas las cosas por él fueron hechas, y sin él nada de lo que ha sido hecho, fue hecho".

Juan comienza su Evangelio hablando de Jesús, mostrando quién es Jesús. Cuando esto se escribió originalmente en griego, había dos palabras usadas comúnmente para definir nuestra palabra española, *Verbo*. Son *logos* y *rema*. Quizá hayas oído de estas palabras, pero quiero mostrarte cómo ambas se aplican a este pasaje, lo cual definirá después quién eres.

*Logos* se refiere a la totalidad de un mensaje. *Rema* está definida como una palabra específica que se habla o se revela desde *logos*. Básicamente, la Biblia entera es *logos* y *rema*. Toda la Biblia es *logos*, pero un versículo de la Biblia sería *rema*. *Logos* es una idea o concepto, y cuando se declara, se convierte en *rema*. Así que la palabra hablada es una expresión *rema* de la palabra *logos*.

*Logos* también se define como un concepto de deidad. *Logos* es un mensaje completo, una palabra y un concepto de deidad. *Rema* es el *logos* hablado, un mensaje individual, una forma de vida del *logos*. Así que tienes *logos,* y después una pequeña parte se convierte en *rema*. Se hace referencia a ambas como *Verbo*.

Leamos los mismos versículos en Juan, capítulo uno, e insertemos la palabra griega *logos* para ver cómo se comunica *el Verbo*: En el principio era el Verbo, que es *Logos* o Jesús, y el *Logos* era con Dios, y el *Logos* era Dios. Este, el *Logos*, era en el principio con Dios. Todas las cosas por él fueron hechas, el *Logos*, y sin *Logos* nada de lo que ha sido hecho, fue hecho. En el principio era este concepto de deidad, y este concepto tomó vida y se convirtió en Jesús; pero antes de que tomase vida en forma humana, hizo toda la creación.

*Logos* es una idea o un concepto, y cuando se declara, cuando se revela, una pequeña expresión del concepto grande se convierte en *rema*. En el principio, nada fue creado sin *Logos*, y por *Logos* todo fue creado. Así que Jesús es Logos y habló para crearte. Tú eres creación suya. Él te hizo. Así que literalmente, está el *Logos*, y después estás tú. Tú eres la expresión *rema* del concepto de Jesús. Él habló para crearte. En el principio era todo esto, y Dios habló para hacer la creación. Tú eres literalmente la expresión *rema* de Jesús.

Cuando empiezas a darte cuenta de que tu identidad se encuentra en la revelación de Jesús, se debe reiniciar tu valor. Cuando quien tú eres es una expresión literal de Jesús, eres creado mediante el concepto de deidad. *Rema* tomó vida, ¡y aquí estás tú! ¡Eso me parece asombroso! Antes era todo un concepto, y ese concepto dio vida, dio a luz, y se convirtió en *rema*, y comenzó a morar en esta tierra. ¡Y ese eres tú!

Cuando empiezas a darte cuenta de que tu identidad está basada en Jesús, tus valores tienen que realinearse. Tienes que darle la vuelta a todo y pensar: ¡Espera un minuto! Ya no me voy a menospreciar más. Tu valor no lo estableció el padre que te habló con desprecio. Tu valor no lo establece ese novio que te dejó. Tu valor no lo establece ese divorcio. Tu valor no lo establece esa adicción que tienes que vencer. Tu valor no lo establece tu pasado. Tu valor lo establece tu identidad, y tu identidad es Jesús.

Cuando pensamos en ese viejo auto, ese propietario no conocía la *identidad* del auto. Una vez que el auto fue identificado, el valor cobró vida. Una vez que tú eres identificado, recibes tu valor. Tu identidad es Jesús. Tu identidad. Deja que eso profundice hoy en tu alma. Tu identidad. Quien tú eres es lo mismo que Jesús: un hijo o hija de Dios.

Imagino que los príncipes de la familia real británica nunca se han sentido mal por vivir en el palacio. Dudo que hayan tenido alguna vez un momento en el que dijeran; "¿Estás seguro de que puedo vivir aquí? ¿Estás seguro de que está bien que yo duerma en esta cama? ¿Debo yo estar aquí?". No. ¿Por qué? Porque saben quiénes son. Lo creen plenamente: *Esta es mi casa.* Bueno, aún no es suya, de hecho es de la reina, pero su actitud es: *Es mía. Soy solo un niño, ¡pero sé que es mía!*

Mi hija Willow no ha dudado ni una vez en recibir algo de mí. Nunca le he oído decir: "¿Estás seguro, papá? Me parece mucho". No, ella está preparada para recibir cualquier cosa que yo le dé. Hemos desarrollado un hábito un poco malo, en el que yo llego a casa del trabajo y ella me dice: "¿Sorpresa?".

A veces tengo que decir: "No tengo anda para ti hoy, Willow".

Ella me dice: "Bueno, está bien". De inmediato pienso: *Iré a buscar algo. Volveré enseguida*".

Mi esposa Christa me dice: "¡No salgas! ¡No le compres otro regalo ahora mismo!".

¿Por qué tiene Willow esa actitud? Porque sabe quién es. Es mi hija. Es de esta casa. Sabe que le damos cosas buenas y que cuidamos de ella porque conoce su identidad. ¿Alguna vez has visto a un hijo comenzar a llorar porque tienes en tus brazos al niño de otra persona? ¿Sabes a lo que me refiero? Es como un poco de rivalidad, o algo así. Willow diría: "No, ese es *mi* papá. *Mi* papá solo me carga a *mí*". ¿Por qué? Porque conoce su identidad.

Como cristianos, necesitamos un poco más de fe para mirar a Dios y decir: "¡Soy tu hija! ¡Soy tu hijo! Este es mi hogar. Este es mi lugar. El favor me pertenece. La gracia me pertenece. Es mía porque yo soy tuyo". Cuando conoces tu identidad, eso afecta a tu manera de actuar.

¿Cuál es tu valor hoy? Recuerda: comencé escribiendo que el *precio no define el valor*. Pero muchas veces, el precio tiene su forma de establecer un valor. Te daré un ejemplo. Cuando vendes tu casa, tú no fijas el valor en base a cuánta madera fue necesaria para la construcción; fijas el valor en base a lo que la gente está dispuesta a pagar en el mercado actual. Ese precio siempre fluctúa, pero el mercado fija el valor de tu casa. Así que el precio no se fija en base al precio medio, sino que se fija en base al valor más alto. El precio más alto que alguien esté dispuesto a pagar por tu casa fija el valor de por cuánto la venderás. El precio más alto.

A Willow le encantan los Beanie Babies. De hecho le encantan los Beanie Babies sin la etiqueta porque ella se la quita. Digamos que cuesta un dólar fabricar un Beanie Baby. Con el material y otros costos, alguien gastó un dólar para hacer un Beanie Baby. Después se lo vendió a un distribuidor, y ese distribuidor pagó dos dólares por el Beanie Baby. El distribuidor se lo vendió a una tienda, y esa tienda lo compró por seis dólares, digamos. Tú después lo compraste en la tienda por doce dólares.

Al principio de la cadena, ese Beanie Baby solo estaba valorado en un dólar, pero cuando tú lo compraste, estaba valorado en doce dólares. Tienes que pagar el precio más alto que se le ha dado. No puedes comprarlo directamente del fabricante o del distribuidor, tienes que comprarlo de la tienda. La tienda fija el valor en doce dólares, así que si quieres el Beanie Baby, tienes que pagar su valor. Y su valor sigue cambiando.

Hay algunos Beanie Babies que tienen un valor asombroso. Ahora mismo, en Ebay, ¡puedes pagar 652.000 dólares por un Beanie Baby! Eso es de locos. Entonces, ¿cuánto tendrías que pagar por *ese* Beanie Baby? Tendrías que pagar su valor, y alguien dijo que su valor es 652.000 dólares. ¡Y ellos te lo mandarán sin gastos de envío!

Por lo tanto, aunque ese Beanie Baby tiene su valor establecido en 652.000 dólares, solo costó hacerlo un dólar. El distribuidor pagó dos dólares para comprarlo. Una tienda probablemente lo vendió por unos doce dólares. Ahora alguien quiere vender ese Beanie Baby por 652.000 dólares. Entonces ¿cuál es el valor de ese Beanie Baby? ¿Es un dólar, dos dólares, doce dólares, o es 652.000 dólares? Es 652.000 dólares. ¿Por qué? Porque el valor se pone en base al precio más alto que alguien está dispuesto a pagar.

¿Cuál es el precio más alto que alguien ha estado dispuesto a pagar por ti? Eso es lo que debería definir tu valor. Si no estás seguro de la respuesta, la respuesta es *Jesús*. Jesús estuvo dispuesto a dar su vida por ti. Así que el precio más alto que se pagó por ti fue la vida de Jesús. Cuando alguien te pregunta: "¿Cuánto vales?", la respuesta es Jesús, porque el precio más alto ya ha sido establecido.

Tú ya no estás valorado *en una relación de una noche*. Ya no estás valorado como alguien *que es pan comido*. Ya no estás valorado como *un segundo plato*. Quizá otros no ven tu valor, pero eso solo significa que no te tendrán. Eso significa que no van a ser parte de tu vida. No significa que tengas que reiniciar tu valor y fijarlo en lo que ellos ven. Tu valor ya ha sido establecido.

¿Por qué vendería una persona ese Beanie Baby por cien dólares cuando hay alguien dispuesto a pagar 652.000? Dios ya ha establecido tu valor, ¡así que deja de infravalorarte! Esos viejos amigos que no quieren que cambies no pueden ver tu verdadero valor, así que deja de cambiar para encajar en sus valores. No les permitas que te infravaloren y redefinan tu valor, cuando Jesús ha establecido ya ese valor.

¿Dónde está tu valor hoy? Así es como yo lo veo: tu valor fija los límites de tu vida. Cuando comienzas a ver tanto tu identidad como tu valor, quién eres y el precio que Jesús estuvo dispuesto a pagar, ya no deberías aceptar los límites del mundo. Deberías ser ilimitado. Ya no deberías tener bajas expectativas y un techo sobre tu futuro. No deberías tener límites, porque Jesús estableció que tu valor era el de su vida.

¿Qué es lo que no puedes hacer? ¿Dónde no puedes ir? ¿Qué negocio no puedes empezar? Todo lo puedes en Cristo que te fortalece (ver Filipenses 4:13). Puedes tener un matrimonio fenomenal, porque estás valorado en ese nivel. Puedes no tener límites porque tu valor es incalculable. Quita las fronteras de tu vida. Comienza a soñar de formas que solo Dios puede cumplir. Cuando decimos en la iglesia "Sé tú", eso es lo que queremos decir. Sé tú. Tú sabes quién eres. Tú eres la expresión de Jesús en este mundo. Deja de intentar vivir como otra persona. Deja de intentar ser otro que no eres, y *sé tú*. Tú eres único, la expresión original de nuestro Creador. Sé tú.

# Cómo nacer de nuevo

Cada persona en la tierra ha pecado y está necesitada de una relación personal con Dios. Romanos 3:23 dice: **"Por cuanto todos pecaron, y están destituidos de la gloria de Dios"**.

Para tener una relación personal con Dios, debes creer en el Señor Jesucristo como tu Señor y Salvador. Según Juan 3:16, es creyendo en Jesús como recibimos la vida eterna: **"Porque de tal manera amó Dios al mundo, que ha dado a su Hijo unigénito, para que todo aquel que en él cree, no se pierda, mas tenga vida eterna"**.

Cuando naces de nuevo, puedes conocer a Dios y tener vida eterna. Juan 3:3 dice: **"Respondió Jesús y le dijo: De cierto, de cierto te digo, que el que no naciere de nuevo, no puede ver el reino de Dios"**.

Nacer de nuevo es el regalo de Dios. No se puede ganar, y no lo puedes lograr por ti mismo. Romanos 6:23 dice: **"Porque la paga del pecado es muerte, mas la dádiva de Dios es vida eterna en Cristo Jesús Señor nuestro"**.

Efesios 2:8-9 lo deja claro: **"Porque por gracia sois salvos por medio de la fe; y esto no de vosotros, pues es don de Dios; no por obras, para que nadie se gloríe"**.

Cuando naces de nuevo, recibes a Jesús como tu Señor y Dueño, y te comprometes a seguir su Palabra (la Biblia). Romanos 10:9-10 dice: **"que si confesares con tu boca que Jesús es el Señor, y crey-**

eres en tu corazón que Dios le levantó de los muertos, serás salvo. Porque con el corazón se cree para justicia, pero con la boca se confiesa para salvación".

Primera de Juan 2:3 nos dice que es un compromiso: **"Y en esto sabemos que nosotros le conocemos, si guardamos sus mandamientos".**

Si estás listo para hacer este compromiso transformador, entonces ora según Romanos 10:9-10:

*Dios, vengo a ti en el nombre de Jesús. Te pido que vengas a mi vida. Confieso con mi boca que Jesús es mi Se*ñor, y creo en mi corazón que lo *levantaste de los muertos. Le doy la espalda al pecado, y me comprometo a seguirte durante el resto de mi vida. ¡Gracias, Padre, por salvarme!*

¡Bienvenido a la familia de Cristo! Ahora has nacido de nuevo, has sido perdonado y estás de camino al cielo. Eres una nueva criatura en Cristo Jesús. Segunda de Corintios 5:17 dice: **"De modo que si alguno está en Cristo, nueva criatura es; las cosas viejas pasaron; he aquí todas son hechas nuevas".**

Sin embargo, este es solo el comienzo de tu nueva vida como cristiano. Al estudiar la Palabra de Dios y aplicar sus verdades a tu vida, renovarás tu mente y crecerás como cristiano.

Romanos 12:1-2 dice: **"Así que, hermanos, os ruego por las misericordias de Dios, que presentéis vuestros cuerpos en sacrificio vivo, santo, agradable a Dios, que es vuestro culto racional. No os conforméis a este siglo, sino transformaos por medio de la renovación de vuestro entendimiento, para que comprobéis cuál sea la buena voluntad de Dios, agradable y perfecta".**

Sé parte de una iglesia en la que se predique la Palabra de Dios en verdad y donde puedas recibir ánimo de otros creyentes. Hebreos 10:25 dice: **"no dejando de congregarnos, como algunos tienen por costumbre, sino exhortándonos; y tanto más, cuanto veis que aquel día se acerca".**

Si las dudas o el temor llegan a tu mente con respecto a que verdaderamente no has nacido de nuevo, recházalo y entiende que la Palabra de Dios es sobre lo que está basada tu salvación, y no sobre lo que tú piensas o sientes.

Romanos 10:9-10, los versículos sobre los que basaste tu oración, dicen: **"que si confesares con tu boca que Jesús es el Señor, y creyeres en tu corazón que Dios le levantó de los muertos, serás salvo.**

Porque con el corazón se cree para justicia, pero con la boca se confiesa para salvación".

Una parte del caminar cristiano es reconocer públicamente tu decisión siendo bautizado en agua. Juan el Bautista bautizó a Jesús en el río Jordán. Jesús desea que quienes le aceptan también se bauticen. Hechos 10:48 dice: **"Y mandó bautizarles en el nombre del Señor Jesús"**.

Para ayudarte a que tengas éxito en esta tierra como cristiano, Dios también te ha dado el regalo del Espíritu Santo. Él es tu ayudador.

### Ser lleno del Espíritu Santo

El Espíritu Santo es tu Consolador y Maestro. Te ha sido dado para ayudarte en tu vida cotidiana. Juan 14:26 dice: **"Mas el Consolador, el Espíritu Santo, a quien el Padre enviará en mi nombre, él os enseñará todas las cosas, y os recordará todo lo que yo os he dicho"**.

El Espíritu Santo te dará el poder de ser un testigo fuerte de Jesús. Hechos 1:8 dice: **"pero recibiréis poder, cuando haya venido sobre vosotros el Espíritu Santo, y me seréis testigos en Jerusalén, en toda Judea, en Samaria, y hasta lo último de la tierra"**.

Cuando eres lleno del Espíritu Santo, puedes hablar en otras lenguas con el propósito de orar, profetizar, adorar, y para edificarte personalmente. Hechos 2:4 dice: **"Y fueron todos llenos del Espíritu Santo, y comenzaron a hablar en otras lenguas, según el Espíritu les daba que hablasen"**.

El Espíritu Santo es para cada persona nacida de nuevo. No tienes que esperar o trabajar para recibirlo. Hechos 2:38-39 nos dice: **"Pedro les dijo: Arrepentíos, y bautícese cada uno de vosotros en el nombre de Jesucristo para perdón de los pecados; y recibiréis el don del Espíritu Santo. Porque para vosotros es la promesa, y para vuestros hijos, y para todos los que están lejos; para cuantos el Señor nuestro Dios llamare"**.

Cuando recibes el Espíritu Santo y hablas en otras lenguas, tu mente no entiende nada de lo que dices. Te parecerá inútil y una necedad, pero estás hablando misterios a Dios y no a ti mismo ni a otras personas.

Primera de Corintios 14:2 dice: **"Porque el que habla en lenguas no habla a los hombres, sino a Dios; pues nadie le entiende, aunque por el Espíritu habla misterios"**.

Hablar en lenguas es un acto de tu voluntad. Dios te da la capacidad de hacerlo, pero no te forzará ni lo hará por ti. Primera de

Corintios 14:14-15 dice: **"Porque si yo oro en lengua desconocida, mi espíritu ora, pero mi entendimiento queda sin fruto.** ¿Qué, pues? Oraré con el espíritu, pero oraré también con el entendimiento; cantaré con el espíritu, pero cantaré también con el entendimiento".

Si pides el Espíritu Santo en fe, Dios Padre te lo dará: **"Pues si vosotros, siendo malos, sabéis dar buenas dádivas a vuestros hijos, ¿cuánto más vuestro Padre celestial dará el Espíritu Santo a los que se lo pidan?"** (Lucas 11:13).

¿Te gustaría recibir el Espíritu Santo hoy?

Si es así, haz esta oración según Lucas 11:13, pidiéndole a Dios que te llene con el Espíritu Santo:

*Padre, vengo a ti en el nombre de Jesús. Te pido que me llenes con tu Espíritu Santo. Lo recibo de ti, y según la Biblia ahora oro en otras lenguas según el Espíritu me da que hable. ¡Gracias, Padre!*

Después de hacer esta oración pidiéndole a Dios que te llene, ora con confianza en otras lenguas. Al orar regularmente en lenguas, serás edificado y animado en tu hombre interior. Judas 1:20 dice: **"Pero vosotros, amados, edificándoos sobre vuestra santísima fe, orando en el Espíritu Santo".**

## Cómo volver a consagrar tu vida a Cristo

Si en algún momento hiciste a Jesús el Señor de tu vida pero has dejado de vivir una vida cristiana, puedes volver a consagrar tu vida a Dios. Simplemente confiesa y admítele tu pecado a Él. Él es fiel para perdonar.

Primera de Juan 1:9 dice: **"Si confesamos nuestros pecados, él es fiel y justo para perdonar nuestros pecados, y limpiarnos de toda maldad".**

Una vez que hayas confesado tus pecados y recibido el perdón de Dios, dale gracias por perdonarte. Él es un Dios justo y amoroso.

Después, busca una iglesia que crea en la Biblia y la enseñe. Tienes que ser entrenado en la Palabra de Dios para que puedas crecer en tu caminar cristiano.

—Casey y Wendy Treat

# Acerca de los autores

En enero de 1980, con un grupo de treinta personas, los pastores Casey y Wendy Treat comenzaron Christian Faith Center en Seattle, Washington. Christian Faith Center es una iglesia multicultural y con varios campus en el noroeste del Pacífico. Además de servir a miles de personas mediante servicios de iglesia semanales, son innumerables las personas que han sido inspiradas mediante la difusión en medios globales de los Treat, *Casey Treat Ministries*, y el programa de televisión, *Successful Living with Casey Treat.*

Siendo un adolescente, Casey se metió en las drogas y en un estilo de vida mundano. En 1974, a los diecinueve años, entró en un programa de rehabilitación de drogodependientes. Durante sus años allí, nació de nuevo y aprendió a renovar su mente mediante la Palabra de Dios. Casey y Wendy se conocieron en el instituto bíblico Seattle Bible College donde él cursó su carrera de Teología.

En 2009 y 2010 respectivamente, Casey Treat y Wendy Treat recibieron un Doctorado Honorario en Teología de la Universidad Hansey en Seúl, Corea del sur (Dr. David Yonggi Cho y Dr. Kim Sunghae Cho), reconociendo su carrera ministerial.

Viajando frecuentemente cada año, Casey y Wendy hablan globalmente en convenciones e iglesias. Sus libros, CD, DVD y podcasts se distribuyen en todo el mundo.

Los Treat llevan casados más de 38 años y tienen tres hijos adultos.

Las peticiones de información deben dirigirse a:
Casey Treat Ministries
PO Box 98800
Seattle, WA 98198
1-800-644-4446
www.caseytreat.com
Sigue a los pastores Casey y Wendy en las redes sociales
Facebook: Casey Treat/Wendy Treat
Twitter: @caseytreat @wendytreat
Instagram: @caseydtreat @wendytreat
Otros materiales de enseñanza de Casey y Wendy Treat están disponibles en
www.caseytreat.com

www.ingramcontent.com/pod-product-compliance
Lightning Source LLC
LaVergne TN
LVHW051239080426
835513LV00016B/1673